白井　誠　著

危機の時代と国会

——前例主義の呪縛を問う

[illegible]山社

はじめに

1　議会制度の時空を旅して

冒頭から個人史に触れて恐縮ですが、筆者が身近で経験した、二〇〇七年の参議院議員通常選挙と（第一次）安倍政権の崩壊に始まる、本格的な衆参のねじれと政権交代の時代は、国対政治による一院制的運用が破綻した時代、つまり、衆参両院を通貫する、半ば制度化された与野党対立の所作がほとんど通用しない時代でした。それは、国会制度の運用を担当する一介の実務者に過ぎない筆者にとっても、本会議中や、議院運営委員会・同理事会中のみならず、そこにいたる様々な局面で、参議院との困難な関係も含め、憲法、国会法、議院規則や先例の解釈・運用上の問題に対する、的確で速やかな判断と対処が、直に問われるたいへん厳しい時代でもあり、熱い時代でもありました。

それは、先祖返りしたかのように、困難な議会運営の一コマ一コマを、関係する規範（法規と先例）と照らし合わせながら、根本から考えなおす機会でもあったのです。ベースとして、それまで一貫して本会議や委員会の運営に関わってきたこと、そして、二度にわたり衆議院先例集（一九九四年版・二〇〇三年版）の取りまとめを担当課の一員として経験し、議会運営の総体を、規範というメスによって腑分けするように凝視してきたこと、このような積み重ねもありました。以上は、手前味噌的な自己評価に過ぎませんが、それでもこのような濃密な時間がなければ、退職後、国会法の考察を皮切りに、議会制度の時空を逍遥することは恐らくなかったのではないかと、今は思っています。

そして、帝国憲法・議院法と憲法・国会法との比較にとどまらず、明治各議院規則・大正各議院規則と先例集（衆議院先例彙纂《いさん》＊・同委員会先例彙纂、貴族院先例録・同委員会先例録）各年版の比較的・時系列的な読み込みから始まった考察の旅は、帝国議会の創設から国会への転換を経て現在に至るまでのわが国議会制度の歴史を、見え難い明確な連続線として捉えるものとなったのです。

＊衆議院先例彙纂は、第一回帝国議会終了後以降、衆議院事務局（議事課所管）がその責任において逐次、編纂・改訂を行なっていました（一九四二年版が最後）。なお、一九〇二年版以降は、「委員」の審査部分が委員会先例彙纂（委員課所管）として分離されています。後に述べる、先例による審議システテ

ムの変革――第一読会のプロセスとしての「委員」の審査から、本会議から独立した「委員会」の審査への変革――に対応したものです。また、貴族院事務局が編纂・改訂を行なっていた貴族院先例録・同委員会先例録は、一九〇六年版が初版です。これも衆議院と同様の、先例による審議システムの変革に対応したものです。

2　議会制度一三〇年の連続線と前例主義

本書では、わが国の議会制度一三〇年の歴史を、先例の生成とその蓄積という典型的な「前例主義」（二〇二〇、九、一六菅首相談話より）によって貫かれた、見え難い構造的な連続線として捉えています。

それは、政党を徹底的に排除する極度に硬い帝国憲法・議院法とともに、明治議院規則（衆貴各議院規則）が立法協賛機関の審議に相応しいものとして規定した、議員間の討論に基づく過半数意思の形成プロセスの実質的な消去であり、政党と政府の関係性に専ら依存した「質疑応答」*に基づく、――党派的分断に特化した――審議システムの見え難い創造の過程です。この前例主義による見え難い変革によって、範とした西欧諸国とは異なり、駆け足のように進んだ政党政治の展開と密接に関わる、見え難い強固な統治構造を簡易に創りあげたのです。

ちなみに、上記の議員間の討論とは、議員同士が議論をたたかわせるという至極当たり前のことです。もともと、「逐条」による審議が中心となる読会制度の審議方法として規定されていたこの議員間の討論に基づく過半数意思の形成プロセスを、本書は、帝国議会制度における議院の協働の基盤として捉えています。協働の基盤とは、一般的に言えば、意見の相違を越えて一定の結論を得るために、一体となって共に働く共通の土俵です。

党派的分断に特化した「質疑応答」に基づく審議システムの創造は、議員間の討論に基づく過半数意思の形成プロセスという、立法協賛機関としての協働の基盤を、政党と政府双方がその関係性によって分断し囲い込んで、審議の外にリモート化（外部化）することで成し遂げられたのです。また、この協働の基盤の外部化が、「政」と「官」、更には「民」等が不透明な関係を結ぶ揺籃になったのです。

そして、以上の、先例の生成と蓄積という前例主義による変革は、憲法体制の転換にあたっても、もう一つの前例主義である「議院法伝統」の形成（旧憲法・旧議院法・旧衆貴各議院規則による三元体制の継承）に付随して継承され、憲法・国会法・衆参各議院規則という実定法の体系と一体のものとして、今現在に至るまで、わが国の統治構造を奥深くで規定し続けているのです。

＊この「質疑応答」は、帝国議会開設時、衆議院規則の議決に際し、民党側の主導で、第一読会の議案の趣旨説明に付随するものとして挿入された規定（大体の質疑応答）をルーツとする「大体の質疑応答」です。「大体」とは「全般にわたる」という意味と「大まかな」という意味を併せ持つもので、「逐条」――条文毎あるいは関連する条文毎――との対比表現です。「大体の質疑応答」による審議とは、議案全体の中から議員それぞれが疑義をピックアップして大まかな質疑を行い、政府がそれに答えることによって行われる審議方法です。要するに、現在の審議方法に他なりません。

3　危機の時代と前例主義の呪縛

コロナ禍の危機は、「結果オーライ」では決して終わらない、政治主導（平成期憲法改革の成果）の危うい一面を、図らずも露呈させましたが、それだけではなく、先食い的な短期的成果のつなぎと、中長期の展望に関わるつかみの多い掛け声と弥縫的な施策のミックス、以上によって漠然としたまま先送りされてきた様々な危機を連鎖的に誘発・顕在化させる、危機の時代への発火点になりかねないものでもあるでしょう。このような困難な時代にこそ、漠然とした空気と単純化による幻想に染まることのない、意見の相違を越えた国民の広範な支持と合意と納得が能う限り必要です。危機の時代は、民主主義の危機の時代でもあるのです。

ここまで述べてきたような視点から、前例主義に貫かれた議会制度一三〇年の連続線の構造的な欠陥を、国民の代表機関・国権の最高機関・国の唯一の立法機関としての協働の基盤の欠落として捉え、危機の時代のオルタナティブ——議院としての協働の基盤、ひいては、国会としての協働の基盤——を模索します。それは、放談に堕してしまいがちないわゆる自由討議とは全く異なる、議員間の討論、とりわけ、議案審査の場での政府を交えた委員間の討論の構築を目指すものです。

非現実的だと思われるかもしれませんが、現実の政治が見せる混迷の諸相は、帝国議会から連綿と続く、政党政治の展開と密接に関わる、議会制度（実定制度）の迂回的で易きに付きがちな運用の積み重ね——意識せざる前例主義——が行き着いた自縄自縛の極みに他なりません。

困難ではあるけれども、危機の時代にこそ、党派的分断に特化した「質疑応答」に基づく審議システムがもたらした、討論の閉鎖空間を解き放ち、国会が国政全体に対して持つ働き――法的な権限としてくまなく定式化されているわけではない、法律の制定・予算の議定、内閣の形成、政府に対する統制、国民に対する情報提供といった相互に重なる国会の各種の機能（大石二〇一四）――が真っ当に発揮できるようにすること、*そしてとりわけ、多数決および公開と並んで、民主的に行われた決定を正統化し、それに拘束力を与える際の、中心的な要素（ヴァルトホフ／赤坂二〇一六）である政府に対する統制が十分に機能するようにすること、以上によって、委任の明確化と責任の明確化を図る必要があるのではないでしょうか。

本書は、議会制度一三〇年の連続線を貫く意識せざる前例主義を問うものです。それは、統治のシステムに遍く散らばる陋習のあれかこれかではなく（それはそれで大事なことですが）、危機に直面してもなお危機を直視し得ない、議員間の討論という言葉による闘いと陶冶の場を失った、日本政治そのものをめぐる前例主義の呪縛です。

*法的な権限としてくまなく定式化されているわけではない、国会の機能の発揮を実体化するものが、前例主義により異物として排除・封印されてきた、議員間の討論という協働の基盤なのだと考えています。

以上のようなことを念頭に、読み進めていただければ幸いです。

二〇二一年四月

白井　誠

目次

第三章 政党政治の展開と先例による変革（1）――30

第七章　危機の時代に　121

凡例

◇法規の略称は以下のとおりです。
帝国憲法「旧憲」、議院法「旧議」、旧衆議院規則「旧衆規」、旧貴族院規則「旧貴規」、日本国憲法「憲」、国会法「国」、衆議院規則「衆規」、参議院規則「参規」

◇議院規則及び先例の変遷と分析の詳細は、白井二〇一七を参照してください。
衆貴各議院規則ともに、明治・大正議院規則間で条数等の異動はありますが、本書では便宜、大正議院規則の条数等を用いています。ちなみに、明治議院規則の旧規定を示す場合は、「旧衆規旧六三」のように表現しています。

◇現行の先例集は、以下のとおりです。
平成二九年版・衆議院先例集［衆先］、同・衆議院委員会先例集［衆委先］
平成二五年版・参議院先例録［参先］、同・参議院委員会先例録［参委先］
（参議院先例録・同委員会先例録は、参議院ＨＰで公開されています。）

◇必要のない限り、「政党」と「会派」は区別せず、「政党会派」と表現しています。

◇条文内容の記載以外の箇所で［○○］としているのは、筆者の割書です。

危機の時代と国会

――前例主義の呪縛を問う

第一章　イントロダクション

1　帝国議会制度と国会制度
――その断線と連続線をめぐる二つの盲点

昨年（二〇二〇年）は、わが国の議会制度がスタートした一八九〇年（開院式一一月二九日）から数えて一三〇年に当たりました。コロナ禍に見舞われなければ、議会開設一三〇年記念式典（一一、二九挙行）や記念展示会等の行事はもっとオープンで賑やかなものになったはずです。来し方を振り返り、過去と現在を連続線として捉える視点は、このような祝賀と記念の意味を超えて、今現在及びこれからの政治のあり方を考える上でも、実は、とても大切なことです。しかしこれまで、帝国議会制度と国会制度そのものの連続線に光が当たることはほとんどありませんでした。光陰はまさに矢のように過ぎ、記録と記憶の上書き、あるいは、忘却がないまぜになって、寧ろ、断線した二つの制度として歴史に組み込まれてきたのではないでしょうか。

帝国議会の時代（一八九〇～一九四七）は五七年続きました。既に国会の期間（一九四七～）が凌駕しているのですが、帝国議会の時代が、単に過去完了の歴史として存在している訳ではありません。寧ろそれは、現在進行形の不可視な構造体となって、国会制度や議院内閣制の運用を規定し、政治を規定し続けているのではないか、と筆者は考えています。「今現在及びこれからの政治のあり方を考える上でも、実は、とても大切なことです」と先に述べたのは、その故でもあります。

例えれば、国会制度は、帝国議会制度を見え難い血肉として作られたものです。しかし、このことはこれまで、議院内閣制——国民を起点とする委任と責任の連環——のいずれの段階においても、また、関連する学問領域のいずれにおいても、明確に認識されてきませんでした。何故でしょうか。以下、二つの盲点を指摘できるでしょう。

第一の盲点は、帝国議会制度と政党政治の関係にあります。帝国議会制度は、不磨の大典と言われた帝国憲法（明治憲法）を頂点に、その付属法としての議院法、そして、以上の極度に硬い上位法を詳細化・具体化するものとしての明治議院規則（衆貴各議院規則）という三層によって構成されました。それは、もともと、政党を排除する「超然主義」の審議システムを目指すものだったのです。実定制度上のこの審議システムは、新たな大正議院規則(衆貴各議院規則)の議決という、抜本改革的な手法による微調整を除き、帝国憲法体制の終焉までそのまま維持されたと言っても過言ではないのですが、この実定制度の下で、政党と政府は、衆議院を土台に、絶頂期には、元老(西園寺公望)の奏薦に基づく、慣行としての政党内閣制の時代(一九二四〜三二)を現出させたのです。寧ろ、ここに至るまでに、政党政治の展開を支えた何らかの見え難い審議システムの変革と、それに見合う統治構造の変革があったとみるべきではないでしょうか。

第二の盲点は、「八月革命」とも定義された憲法体制の大転換の中で、統治構造全体にわたって、旧憲法体制との繋がりが見え難くなったことにあります。とりわけ、統治権を総覧する神聖天皇の立法協賛機関から、国民の代表機関・国権の最高機関・国の唯一の立法機関への転換によって、新たな国会制度は、帝国議会制度とは異次元のものとして、以下のように構築されたと理解されてきました。確かにそのとおりではあるのですが、この劇的な転換の反作用によって、帝国議会制度と国会制度の繋がりは、ほとんど切り捨てられてきたのではないでしょうか。

天皇ハ帝国議会ノ協賛ヲ経テ立法権ヲ行フ（旧憲五）、凡テ法律ハ帝国議会ノ協賛ヲ経ルヲ要ス（旧憲三七）、国家ノ歳入歳出ハ毎年予算ヲ以テ帝国議会ノ協賛ヲ経ヘシ（旧憲六四①）等の外、現行憲法との対比を踏まえた概略は次のとおりです（宮沢一九七八）。

・帝国議会の両院制は［両院対等の］完全な両院制だった。
・上院たる貴族院は、皇族・華族及び勅任された議員で組織され、一般国民から選挙された議員はいなかった。
・臨時会の召集は、帝国議会では、もっぱら政府（天皇）の意思にもとづいて行われた。
・旧憲法では、独立命令の制度もあり、また、緊急勅令が認められた。
・帝国議会［本会議］も会議公開の原則を認め［ていたが］、政府の要求があれば公開を停止しなくてはならないとされていた。［委員会は非公開］。
・帝国議会では、両院の議長・副議長は［衆議院は、選挙により候補者三名をそれぞれ推薦の後］勅任され、事務局の職員は官としてすべて政府（天皇）によって任命された。
・旧憲法では、条約の締結は［帝国議会の協賛の対象ではなく］天皇のみの権能であった。
・帝国議会では、両議院の査問権ないし国政調査権につき、別段の規定がなく、法律［議院法］は、各議院がそのために国民と直接に交渉したり、国民を呼び出したりすることを禁止すらしていた。
・旧憲法では、政府は帝国議会に対して責任を負うとされなかった。

・旧憲法では、衆議院が政府不信任の議決をしても、それは法律的には政府に対してなんらの行動を義務づけるものではなかった。［衆議院の解散はもっぱら政府（天皇）の意思もとづいて行われた。］
・旧憲法では、内閣総理大臣以下の国務大臣は、天皇が任命した。

以上、二つの盲点は何を意味するでしょうか。敗戦がもたらした憲法体制の転換に当たって、占領者の最終的な意思が、「一八八九年の憲法から新憲法に至る完全なる法律上の連続線が確保されなければならない」（五章1）というものでもあったことを踏まえれば、帝国議会から国会へという実定制度上の刷新だけではすまない、「法律上の連続線」に密接に関わる見え難い規範、つまり、実定制度には決して組み込まれることのない政党政治の動態に関わる規範が、国会制度や議院内閣制の運用規範として、「法律上の連続線」とともに、注ぎ込まれた蓋然性・必然性にも目を向けるべきなのではないでしょうか。この見え難い規範こそが先例なのです。

帝国議会の「本会議中心主義」と国会の「委員会中心主義」の対比表現（鈴木一九五三）は、帝国議会制度と国会制度の隠れた連続線を遮断することで、過去との決別を過度に強調して思考の停止を誘導する、マジックワードでもあったのです。そんな中で、筆者の分析と関心の重なる研究が刊行され（佐々木編二〇一九）、そこでは、「共時的」な諸外国の比較とともに、帝国議会の遺産を「通時的」なものとして分析の対象にしています。ただ、諸外国の比較を行う場合、それぞれの国の分析と理解に、通時、つまり制度の依って来たる歴史が、できる限り的確に組み込まれていることは、寧ろ、当然の前提ではないでしょうか。諸外国の「共時的」な比較と、帝国議会と国会の「通時的」な比較の併置は、「国会の変則性を浮き彫りにする」以前に、「国会の変則性」の意味をほとんど無意識下に置いてきた、帝国議会制度と国会制度の断線という画一的な理解の「変則性を浮き彫りにする」ものでもあるでしょう。この画一的な理解の下で行われた一連の「合理化」（野中二〇一九）が、思いもよらず、「国会の変則性」を増幅し続けてきたのです。

2　前例主義に基づく審議システムの連続線

盲点の解明とは、詰まるところ、議会制度一三〇年の軌跡から、「議院法伝統」（四章8）という実定制度体系の前例主義によって今に引き継がれた、帝国憲法・議院法・衆貴各議院規則の三元体制と、前例主義によって生成・蓄積された不文の規範である先例の、見え難い複合・共棲関係をあぶり出す過程であり、審議システムの連続線を捉える過程でもあります。

政党政治は、まさに、帝国憲法を頂点とする極度に硬い実定制度と、先例の生成・蓄積の関係性によって形づくられたのです。そこでは、議会審議のあり方をめぐる、衆貴両議院それぞれの明治議院規則と大正議院規則、衆貴両議院それぞれの先例の生成・蓄積、更には、国会へのそれらの転換と継承等々、その一つ一つの局面が、これまで無意識のままに見過ごされてきた前例主義に基づく審議システムの連続線を形成してきたのです。それは、帝国議会期を通じてそのまま維持されたといっても過言ではない実定制度を追い、国会の実定制度を追い、政治の実相を追うだけでは、そして、先例を様々な議事手続上の断片として扱うだけでは、決して浮かび上がることのないものです。

この連続線のメインストリームは、帝国憲法と議院法が規定する天皇の立法協賛機関に相応しいものとして、明治議院規則が、「読会」の節と「討論」の節によって規定した、(政府を交えた)議員間の討論*（二章2・3）に基づく意思決定プロセスの見え難い消去であり、政党と政府の関係性に専ら依存した――党派的分断に特化した――「質疑応答」に基づく審議システムの見え難い創造です。その過程で、帝国議会は、政府与党による過半数意思の完徹プロセスが展開する場となったのです。

具体的に言いますと、所属政党によってそれぞれ管理・統制された議員毎の「質疑」と政府の「答弁」の組合せという、党派毎・議員毎に完結する一方通行の「質疑応答」に基づく審議システムです。本会議も委員会も、「質疑応答」の基本は同じです。違いは、本会議が質疑事項の全部を一度にまとめた質疑とこれに対する答弁の一往復であり、委員会が一問一答の繰り返しであることに尽きます。これが、今現在の国会審議をも――国会法・議院規則の体系に組み込まれた別の規範を主体として――強固に規定しているのです。「別の規範」が先例であることは言うまでもないでしょう。帝国議会・国会を通貫するこの連続線は、先例の生成・蓄積による審議の「迅速化・合理化」（白井二〇一九）の積重ねという、前例主義によって現在に繋がっているのです。

これにより、今現在の国会もまた、政党と政府の関係性に専ら依存した――党派的分断に特化した――「質疑応答」に基づく審議システムによって、政府与党による過半数意思の完徹プロセスが展開する場となっているのです。

＊「（政府を交えた）議員間の討論」中、「政府を交えた」の部分を括弧書きにしているのは、政府を交え

た議員間の議論の場が、もともとは、非公開の委員会に限定されていたためです（旧議一三二、四四）。「読会制度」（二章2・3）は、この（政府を交えた）委員間の討論を踏まえた、議員間の討論に基づく逐条審議中心の意思決定プロセスとして、明治議院規則がその内実を規定したものでした。政府与党による過半数意思の貫徹プロセスへの転換によって、逐条審議を中核とする「読会制度」は完全に形骸化し、三読会の手続きをただ踏むという、外形だけが帝国議会の終わりまで残ったのです。

3　外部化による協働の基盤の喪失

(1)　何をもたらしてきたか

前号の審議システムの連続線は、政党政治の展開とともに、審議の外、議院の外、更にはあらゆる実定制度の外にグラデーションのように派生した不可視な土壌の形成と一体となって構造化したものです。

以下のようなことを考えています。

この構造にこそ、相入れなかったはずの政党と政府の排除と融合をめぐるドラマ、「政」と「官」、更には「民」等との不可視な関係性に関わるドラマの鍵が潜んでいるのではないか。

　この構造化した連続線によって、政党と政府は、天皇による統治と公論に基づく統治がキメラのように合成された帝国憲法体制と、何とか折り合いをつけ、政党内閣制に至るまでの道を拓いたのではないか。また同時に、この構造化した連続線は、軍部、更には、国粋主義者、インフォーマルな暴力といった、後に政党政治を自壊させる様々な要素との融合をも包摂するものではなかったか。

　以後、ファナティックな全体主義とともに、日中戦争、太平洋戦争に突き進んだ危機の時代を経て、敗戦後、この連続線が新たな憲法体制に適合するものとして、国会制度への刷新とともに、「議院法伝統」の形成によって継承され、政党政治の再起動が果たされたのではないか。

　そして、独立回復後、特に五五年体制下で、この連続線は、いわゆる国対政治——国会制度を事実上著しく拘束・縮減するもの——によって純化され、平成期の政治改革（広範な実定制度改革による政治主導の強化）と、拘束・縮減されたままの国会制度とのアンバランスによって、権威主義的政治への傾斜を深く進行させてきたのではないか。

⑵　どのように行われたか

（政府を交えた）議員間の討論に基づく意思決定プロセスの消去と、政府与党による過半数意思の貫徹プロセスの創造はどのように行われたのでしょうか。見え難い転換の鍵は、（政府を交えた）議員間の討論という協働の基盤の、政党と政府による分断とその外部化にあります。フォロワーとしてのわが国議会制度の換骨奪胎――土着化（待鳥二〇二〇）――の隠れた本質は、この分断と外部化にあるのです。

協働の基盤とは、「はじめに」で述べたように、意見の相違を越えて一定の結論を得るために、一体となって共に働く共通の土俵です。帝国憲法・議院法とともに、政党を排除する明治議院規則が、立法協賛機関に相応しいものとして規定した、（政府を交えた）議員間の討論に基づく意思決定プロセスとは、協賛に合致する過半数意思の形成に関わる協働の基盤に他ならなかったのです。

この協働の基盤を分断して外部化していくことで、政党と政府の関係性の構築と、政党の改良を同時に促し、党派的分断に特化した「質疑応答」に基づく審議システム、過半数政党と政府の融合、政党による所属議員の管理・統制、以上が密接不可分に一体化する不可視な構造を形成しました。

議長がほとんど棚上げにされ、また、政府は専ら与党をとおして関与する、政党会派間の協議による議会運営、与党の事前審査制、議員立法の前提となる政党会派の機関承認、そして、以上の結果でもある強固な党議拘束といった、今も、国会制度の運用に付随する様々な慣行の原型ができあがったのです。なお、本書では、原則、政党と会派（院内における政党その他の活動組織）を区別せず、凡例のとおり「政党会派」と表現しています。政党内閣制の時代を頂点とする政党政治の展開は、「超然主義」への対抗としてスタートした会派（次章）の、議長の権限行使とリンクした段階的な公認によって大きく拓かれていったのです（三章、四章）*。

*ちなみに、一三回議会（一八九八）に、各会派所属議員数及び幹部氏名を事務局に届け出るようになったのは、事実上の会派の公認の始まりですが、これは、一二回議会に始まった政党会派間の交渉を踏まえた特別委員の比例配分（三章3(1)）を契機とするものです。また、二一回議会（一九〇四）には、所属議員氏名を幹部から届け出て、また、異動のあるたびに届け出るようになったのは、議席の抽選制から議長の権限による（会派の区画毎の）指定制への衆議院規則改正（三章3(2)）を契機とするものです。ここに、会派の公認が果たされたと言えるでしょう。各派協議会の嚆矢もおそらくこの規則改正に伴うものであったのです。

　このように、範とした西欧諸国とは異なる駆け足のような政党政治の展開の代償として、代表議会の本質である議員間の討論という協働の基盤を無意識に壊していったのです。比較政治学上の知見の導入でもある平成期の政治改革——実定制度改革による政治主導の強化——も、この構造化した連続線上で、その「土着化」が論ぜられるべきものではないでしょうか。

　以上のような視点を導入として、以下、論を進めていきます。

第二章　帝国議会制度の始まり
――超然主義の審議システム

1　藩閥政府が用意した「衆貴各議院規則成案」

前章1で提起した第一の盲点から始めますが、まず、藩閥政府が、帝国憲法・議院法・明治議院規則（衆貴各議院規則）の三元体制によって規定を試みた、超然主義の審議システムを取り上げます。なお、この各議院規則は、ともに大正期に全部改正（明治議院規則の上書き）が行われますが、その実態は、先例の生成と蓄積を曖昧に組み込んだ微調整に過ぎません（四章5）。先例の生成・蓄積によって変革の対象となった超然主義の審議システムを具体的に規定したのが、明治議院規則であった訳ですが、先例との関係も含め、帝国憲法・議院法以上に、議院規則の分析が希薄であったのが実情ではないでしょうか。

立憲国家という西欧スタンダードへの参入、藩閥政府と民権派の衝突、以上二つのベクトルによって、帝国憲法は、国のかたちを、万世一系の天皇が統治する国民（臣民）国家として定めました。その中で、皇族・華族・勅選議員によって構成される貴族院と、公選の議員によって構成される衆議院、この両院からなる帝国議会を、天皇の立法協賛機関としたのです。帝国憲法（欽定憲法）とその付属法である議院法（勅令）は、存在意義の異なるこの両院を、対等の権限を持つものとして、一律に規定したのです。それは、「政府は常に一定の方向を取り、超然として政党の外に立」つ「超然主義」によって、民権派とのせめぎ合いを想定せざるを得ない衆議院を、立法協賛機関の片翼に押さえ込むものだったのです。

そして、明治議院規則は、内部規則制定権（旧憲五一）に基づいて、衆貴各議院がそれぞれ議決したものですが、元々は、藩閥政府が、議会開設冒頭の議院の成立に必要な諸手続きを定める「衆貴各議院成立規則（勅令）」とともに、西欧諸国の議院規則に倣って入念に用意し、「衆貴各議院規則成案」としてそれぞれの議員に範示したものです。帝国憲法・議院法と一体となって、皇室の藩屛・政府の藩屛として期待された貴族院と衆議院（民選議院）を、共通の審議システムで縛ったのです。「超然主義」の仕掛けは、一般的には、党派性を排除するために、抽選によって議員の所属を九つの部に機械的に振り分ける部属の制度（旧議四、旧衆規一七、旧貴規五）、同じく抽選による議席の指定（旧衆規旧一五、貴族院は皇室との関係による序列順）、各部における予算、決算、請願、懲罰委員等の各常任委員選挙（旧議二〇、旧衆規四五、旧貴規三四）、議案（主に法案）審査のための特別委員の連記選挙（議長又は各部への委任も可能）（旧議二〇、旧衆規旧六三、旧貴規五三）が指摘されてきましたが、それは一面に過ぎません。「天皇ヲ輔弼シ其ノ責ニ任」（旧憲五五）じられる、首相を初めとする国務大臣については、出席・発言・意見表明の権利のみが規定され（旧憲五四、旧議四二〜四四）、出席・説明の求めに応じる義務はそもそもなかったのです。

2　読会制度と議員間の討論
——議院としての過半数意思の形成プロセス

さて、「本会議中心主義」（鈴木一九五三）という、帝国議会に対する固定観念の根拠が読会制度にある訳ですが、それは、「法律ノ議案ハ三読会ヲ経テ之ヲ議決スヘシ……」（旧議二七）の大枠とともに、明治議院規則それぞれの「議事」の章中、三読会のプロセスを具体的に規定する「読会」の節と、本会議の議論のあり方を規定する「討論」の節によって、規定されていました。ちなみに、既存の分析は鈴木一九五三も含め、「討論」の節を考慮に入れず、「読会」の節のみによって読会制度を捉えてきました。議会制度研究の「一のくぼみ」になってきたことは否めないでしょう。

この「読会」と「討論」の両節によって、読会制度は、討議のプロセスを規定していたのです。討議とは議員間の討論に基づく意思決定であり、討議のプロセスとは、議員間の討論に基づく意思決定の積み重ね、つまり、議員間の討論に基づく過半数意思の形成プロセスに他なりません。また、**この議員間の討論は、「ある事柄について意見を出し合って議論をたたかわせる」**（大辞林）**という字義のとおり、本来の意味の討論であって、単なる賛否の意見表明ではなく、議員間の質疑応答を含む、具体的で中身のある、議員の意見交換だったのです（以下、「議員間の討論」と表記するものは全て同じ意味です。また、「委員」の審査につき、「委員間の討論」と表記するものも同趣旨です）**。しかし、この議員間の討論は、先例の生成・蓄積による変革、つまり前例主義による変革によって消去され、更には、この変革を曖昧・微妙に組み込んだ大正議院規則による上書き（新たな議院規則の議決による全部改正）によって、変革の過程そのものが封印されてしまいました。先例の生成・蓄積による変革は政党政治の展開と相携えて進み、帝国憲法体制に不可視な政治構造を組み込んだのですが（三、四章)、「本会議中心主義」という後世による帝国議会の性格づけに、このことが反映されることもなかったのです。

ちなみに、討論の通告(反対/賛成を明記。旧衆規一〇四、旧貴規八三)は、議論が偏らないようにするための仕掛けに他ならないのですが、前例主義による変革によって、本来の意味の討論は、連鎖することのない断片化した政府との間の「大体の質疑応答*」と、単なる反対/賛成の意見表明に分離されてしまいます。

国会の討論は、本会議も委員会も、大正期に完成した前例主義によるこの変革と、その後に上書きされた大正議院規則の関係をそのまま継承したもので、質疑終局後・採決前の、政党会派を代表しての賛否の意見表明に過ぎません。明治議院規則の討論と、国会の討論の間には、議員間の討論の消去、つまり、(本来の意味の)議員間の討論の消去という大きな変革と、その継承があったのです。

*次号を含め「大体の質疑応答」のルーツは、本章4を参照してください。

3　議員間の討論がつなぐ、「委員」の審査と逐条審議の連関

読会制度のプロトタイプをざっくりと言えば、次のとおりです。

第一読会　政府の趣旨説明（・大体の質疑応答）、「委員」に付託、「委員」の審査
←
第一読会（続）「委員」の報告、大体の議員間の討論、第二読会を開く議決
←
第二読会　条文（関連条文）ごとに、議員間の討論・議決、第三読会を開く議決
←
第三読会　法案全体について議決・確定

読会制度の中核は第二読会の逐条審議であって、それは、第一読会の「委員」の審査を踏まえた、条文ごとあるいは関連条文ごとの、議員間の討論に基づく意思決定です。議員間の討論がなければ、逐条審議は、単に逐条による採決の意味しかもたず、空洞化してやがて消滅するのは必定なのです。

「委員」の審査は、第一読会のプロセスとしてあるものであって、意思決定機関として独立した「委員会」の審査では決してありません。**「委員」の審査は、その後の本会議、特に、第二読会の逐条審議における議員間の討論に、議員である委員長や委員がその中心となって対応できるように、非公開の委員会で**（旧議二三）、**政府委員**（旧議四四）**も交え、必然的に条文ごとあるいは関連条文ごとに、発言回数に制限のない自由な「委員」間の討論**（旧衆規二八、旧貴規一七）**によって行われるべきものでした**。前章2で「（政府を交えた）議員間の討論」と表現したのはその故です。要するに、**「委員」***の審査は、「委員会」として議案全体について可否の結論を問うべきものとは規定されていなかったのです**。国会のように、本会議から独立した機関として「委員会」の通則が規定されなかったのはそのためです。

「委員会」という規定は、例えば、委員会非公開の規定（旧議二三）のように、全体を問題にする場合に限って用いられたものです。三章の先取りになりますが、「委員」の審査は、実際には、議案全体の可否を問題とする「委員会」の審査へと変貌します。委員会先例彙纂の先例彙纂からの分離（はじめに1）も、本会議から事実上分離・独立して、本会議と同質化した予備的審査機関への変貌に対応するものだったのです。ちなみに、旧議院法四章及び旧衆貴各三章はあくまでも「委員」です。前例主義による変革によって、委員会の実態は、実定制度上の「委員」の審査を残したまま、議案全体の可否を問う、まさに「委員会」の審査になったのです。このことを正当化したのが、「委員［会］に関する法律規則が甚だ少ない故に、本会議に関する法規に準拠する」という、委員会先例彙纂による後付けの転回的な規範化基準であったのです（四章4⑵）。

国会法五六条二項［議案が発議又は提出されたときは、議長は、これを適当の委員会に付託し、その審査を経て会議に付する。……］は、読会制度の放棄を明確にしたものですが、この「委員会」の審査への変革を表現したものに他なりません。

＊「政府委員」という表現も、表決権を封じられた上で（旧議四五）、「委員」の審査に参加する政府の「委員」という意味が込められていたと考えています。

1からここまでをまとめると、藩閥政府が、立法協賛機関に相応しいものとして規定した「読会制度」は、政府と議員の応酬が可視化されることのない（政府を交えた）議員間の討論による、超然主義の審議システムだったといえるでしょう。政府委員限定で政府に説明を求めることができる唯一の場としての委員会（旧議四四）が非公開（旧議二三）とされたことの意味もまた、大きなものだったのです。

なお、予算案については、早期成立の観点から、提出後すぐに予算委員（常任委員）に付託され、読会制度の外に置かれましたが、逐項的な（予算案の款項目の「項」ごとの）審議が行われるもので、予算委員の審査と本会議審議の関係は、法案の逐条審議と変わるところがありませんでした。以上、この超然主義の審議システムを、帝国議会の「自然状態」（野中二〇一九）とみることができるでしょう。これがわが国議会制度の「迅速化・合理化」の起点となるのです。

4　明治衆議院規則の議決と民党の入り込み
――「大体の質疑応答」規定の挿入

さて、この超然主義の審議システムに、従順ならざる民党の入り込みが行われました。会派の結成は民党の入り込みとしてよく言われることですが、加えて、議院成立・開院式後に行われた衆議院規則の議決時に、多数を占める民党側（民党：弥生会（自由党）、議員集会所（立憲改進党）／吏党：大成会）が主導した会派間の事前協議によって（赤坂二〇〇二）、政府が提示した「衆議院規則成案」(本章1) に様々な変更を加えました。

　特筆すべきは、第一読会、議案の趣旨説明 (旧衆規九三①) に対する「大体の質疑応答」を可とする規定を挿入したことです (同②)。「大体」とは「逐条」との対比であり、「大体の質疑応答」とは、政府提出法案全体の中から議員が疑義をピックアップして行う大まかな質疑と、これに対する政府の答弁であり、まさに、現在の「質疑応答」方式なのです。「大体の質疑応答」規定にこそ、先例による帝国議会制度変革の最大の種があったのです。

　それはさておき、第一読会のプロセスのメインは、あくまでも「委員」の審査であって、議案の朗読を補完するために可能なものとして規定された趣旨説明は、付託すべき特別「委員」選任のための単なる前段に過ぎなかったのですが、ここに打ち込まれた、国務大臣・政府委員との「大体の質疑応答」規定が、立法協賛機関としての衆議院の現実 (政府と民党の対峙という現実) を明確にする、重要な議事になったのです。

　同時に、「討論」の節に、議員間の討論の対象になり得る趣旨の説明者として、国務大臣・政府委員を追加 (旧衆規一一四②冒頭。同条①②は説明のため数回の発言が可能と規定) したのも、上記「大体の質疑応答」規定の挿入と一体のものです。もともとの「衆議院規則成案」では、議員間の討論の対象になり得る者は、議員 (旧衆規一一三。質疑応答は発言一回の原則の例外として規定)、委員長等の「委員」審査の報告者(旧衆規一一四①)、議員発議議案や修正案動議の趣旨説明者(同②)であって、1で述べた帝国憲法・議院法の制約によって、まさに議員に限定されていたのです。付随して、「衆議院規則成案」では、その席で起立して発言すべきものとされていた国務大臣・政府委員も、議員と同様に、演壇での発言が原則とされました(旧衆規一二〇)。

以上の挿入によって、政府とのやりとりは、委員会(非公開)の政府委員限定から、議案の趣旨説明者として本会議(公開)に権利として出席する国務大臣*・政府委員にまで拡張されました。「超然主義」の審議システムに、「大体の質疑応答」によって政府と政党会派が直接向き合う公開の場が注入されたのです。

*国務大臣が実際に対応するようになったのは、一回議会の混乱を経た後です。

5　貴族院の場合

一方、貴族院規則の議決に際しては、各部から出た協議委員の協議を踏まえて、議員間の討論の対象になり得る相手として、衆議院と同様に、国務大臣・政府委員を追加規定(旧貴規九五②冒頭）したものの、議案の趣旨説明に対する「大体の質疑応答」は規定しませんでした。[*]異論はあったものの、政府に対する謙抑的姿勢を優先したのでしょう。しかし、一回議会早々、政府委員の政府提出法案趣旨説明後に、政府と一線を画する議員が答弁を要求して大きな問題になります。二回議会には、この「大体の質疑応答」は、貴族院規則への追加規定も検討されましたが実現せず、結局、議長の議事整理によって先例化し、以降は、衆議院と同様に重要な議事となります。付随して、国務大臣・政府委員の演壇での発言も先例化します。

＊この「大体の質疑応答」の是非が衆貴両院共通のテーマになったのは、両院の議員合同の下打合わせ会が行われたためでもあります（赤坂二〇〇二）。貴族院も、この下打合わせ会を踏まえて貴族院規則を議決しており、政府が示した貴族院規則成案に、衆議院規則と概ね同一の変更が加えられています。相違点の特徴は、主に、貴族院固有の存在意義に関わるものとして、貴族院規則成案の範囲に留めたものにあります。

ここで、衆議院と貴族院の同質化傾向を大きな流れとして、前もって示しておきます。衆議院規則と同じルーツを持つ貴族院規則は、貴族院に固有の規定を除き、その運用も、「大体の質疑応答」のように規定されなかったものも含め、同一傾向の先例の生成・蓄積によって、ほとんど衆議院と同じものになっていきます（なお、委員の比例配分のように貴族院先例録では明確になっていないものもあります）。その要因は、貴族院においても同爵団体を母体とする会派が存在したこと、やがて「各派交渉会*」に集って、貴族院の運用を担うようになったことにもあるでしょうが、究極の要因は、政府という両議院共通の相手が存在したことにあります。貴族院先例録・同委員会先例録を俯瞰すれば、衆議院の先例と同様の先例が、政府を媒体として、貴族院においても少なからず生成し、蓄積していったことが読み取れるでしょう。貴族院もまた、付かず離れず、前例主義によって審議システムの変革を積極的に行なっていったのです。大正議院規則の議決が、政治的な意味は異なっても、その手法も、内容も、貴族院と衆議院がほぼ足並みを揃えたものであったことはこの故です（四章5）。

もちろんそのことが政党政治とのストレートな順接を意味する訳ではありません。しかし、貴族院の会派が擬似政党的とも言い得るほどの影響力を保持する上で、また、肯定的にであれ、否定的にであれ、貴族院議員が政府や政党と積極的な関わりを持つ上で、こうした先例の形成が重要な基盤となったことは間違いがないでしょう。更に言えば、この衆貴両院の同質性が、帝国議会から国会への転換と継承の在り方やその後にも大きな影響をもたらしたことも間違いがないと考えています（五章）。

＊貴族院の各派交渉会が自ら「今後各派と交渉しなければならない場合には、各派交渉会を開いて協議することとし、同時に」規約を定めて同会の構成要件を明記・公定したのは、一九一一年・二七回議会閉会後であり（木村一九九三）、次章で取り上げる「大体の質疑応答」の全部化がなり、衆議院の各派協議会が本格化していくのと同時期です。

第三章　政党政治の展開と先例による変革（1）

1　帝国議会の時代区分

帝国議会の時代を、代表的な憲法史研究（大石二〇二〇）を踏まえ次のように区分します。先例による帝国議会制度の変革は、「提携の時代」を中心に進んでいきます。「融合の時代」（慣例としての政党内閣制の時代）も、「提携の時代」の変革の上に到来したのです。本書の分析も、「提携の時代」が中心になります。

・対立の時代（一八九〇～九四）

一八九〇年の憲政実施とともに「超然主義」を標榜した山県内閣（第一次）から、第六回議会の解散（一八九四年六月）までの約五年間。自由党・改進党を軸とする民党と藩閥政府が、議会の予算議定権をめぐって事あるごとに対立していた時期。

・提携の時代（一八九五〜一九二四）
一八九四年の日清戦争を機に、自由党が伊藤内閣（第二次）と提携した時から、軍部・官僚閥の桂太郎と政友会の西園寺公望が交互に政権を担った桂園時代（一九〇一〜一三）以降、第二次大隈内閣（一九一四・一五）、原内閣（一九一八〜二一）等を経て、第四八回議会の開会直後に成立した「貴族院内閣」に対して、憲政会・革新倶楽部・政友会のいわゆる護憲三派がおこなった憲政擁護運動が功を奏し、清浦内閣の辞職（一九二四年六月）にいたるまでの二八年間。
・融合の時代（一九二四〜一九三二）
清浦内閣の辞職後の憲政会総裁の加藤高明による組閣から、一九三二年の五・一五事件によって、犬養毅を首班とした政友会内閣が瓦解するまでの八年間。この時期には、イギリス的な議院内閣制が「憲政の常道」と考えられ、政友会・民政党の二大政党制を前提とし、原則として、①組閣の大命を拝する者は、衆議院における第一党の党首である、②第一党の内閣が倒れた場合には、第二党の党首が組閣の大命を拝する、③閣僚は首相の所属する政党（会派）から選出される、といった政治上の慣行がほぼ定着していた。

・危機の時代（一九三二～一九四五）
海軍将校達が首相官邸などを襲撃し、犬養首相を射殺した五・一五事件の後、議院内閣制的な慣行が崩れてから軍部の高圧的態度が目立つようになるとともに、近衛内閣による「新体制運動」の中で議会が政府に対する効果的な統制権を失い、明治立憲体制それ自体が機能停止に陥ってしまい、一九四五年八月の敗戦と同時に明治憲法体制が崩壊するまでの一三年間。

2　「大体の質疑応答」の全部化

(1)　初期議会の現実と「大体の質疑応答」

変革の契機は、明治議院規則が描いた審議システムの本質と現実の化学反応にあります。民党側が多数を占める初期議会において、予算委員会と本会議は、逐項的な予算案査定の場となり、旧憲法六七条［憲法上ノ大権ニ基ツケル既定ノ歳出及法律ノ結果ニ由リ又ハ法律上政府ノ義務ニ属スル歳出ハ政府ノ同意ナクシテ帝国議会之ヲ廃除シ又ハ削減スルコトヲ得ス］をめぐる争議が、衆議院と貴族院、衆議院と政府との間で繰り広げられました。

予算案の衆議院先議（旧憲六五）を、『憲法義解』（伊藤一八八九）は、対等の両院関係の中で唯一の特権としていますが、当初は、先議衆議院の予算委員にのみ審査期間*（旧議旧四〇）が付されていたことに鑑みれば、衆議院重視の建前とは別に、前年度予算の施行（旧憲七一）という最終手段に至る前の関門として、政府の藩屏たる貴族院を置き、衆議院を牽制する意味合いがあったはずです。実際にも、民党の多数という現実の前で、「帝国議会之ヲ廃除シ又ハ削減スルコト」（旧憲六七）には、衆貴両院の意思の不一致による歯止めが機能したのですが、更に加えて、法律案につき両院の対等性を担保する旧憲法三九条「両議院ノ一ニ於テ否決シタル法律案ハ同会期中ニ於テ再ヒ提出スルコトヲ得ス」が、政府提出法案（歳入法案）の帰趨にもたらす相乗の副作用は、国政遂行の破綻という劇症以外の何物でもありません。これが、政府と政党会派提携の大きな動機付けとなりました。「朕は閣臣と議会とに倚り立憲の機関とし、其の各々権域を慎み和協の道に由り以って朕が大事を輔翼し有終の美を成さんことを望む」と「在廷の臣僚及帝国議会の各員に」告げたいわゆる「和協の詔勅」（四回議会：一八九三、二、一〇）はその道標になったのです。

*衆議院の予算委員に付された審査期間は「一五日以内」でしたが、一九〇六年には、衆議院提出の議院法改正案により、法制定時に比して著しく膨張し複雑になった予算案慎重審査のため「二一日以内」に

延長されました（現在の「当日起算」（国一三三）の元になった先例はこの改正を契機に生まれたものです）。そして、一九二七年には、貴族院予算委員の審査期間（二一日以内）が追加され（同②）、各議院予算委員の審査期間延長規定（五日以内）も追加されました（同③）。ちなみに、議事に関して議院法改正が実現したのは、本条だけです。

強調すべきは、前章で述べたように、民党側の主導によって組み込まれた、第一読会における「大体の質疑応答」の規定と現実との化学反応です。議院規則上においても実際においても、唯一、議員と政府が、政府提出法案についてほぼ自動的にしかも初めて対峙する場が第一読会の冒頭なのですが、そこはもともと、付託すべき特別委員選任前の議案の朗読・趣旨の説明の場としてのみ想定されたものでした。この実質的な審議以前のニュートラルな場に、民党側の主導によって打ち込まれた「大体の質疑応答」こそが、立法協賛機関としての衆議院の現実が、藩閥政府と民党側との対立にあることを明確にし得たのです。これも既に述べたように、政府の藩屏であるはずの貴族院においてさえ、一回議会に、政府と一線を画する議員が政府に答弁を要求し、この「大体の質疑応答」ができるか否かが大きな問題となったのです。この「大体の質疑応答」規定が、明治議院規則が描いた立法協賛機関のあるべき姿の痛点になったことは間違いがないでしょう。両院とも早々に、第一読会の「大体の質疑応答」が重要な審議の場となり、これを引き金として、国務大臣が進んで本会議に対応するようになりました。委員会の場への対応も同様です。

政治の現実と観念的な明治議院規則の審議システムの軋轢を経て、「大体の質疑応答」という、政府と政党会派の関係性をめぐる変革の坩堝が誕生しました。議員間の討論を協働の基盤とする審議システムは、この坩堝の中で生成・蓄積した先例によって、政党会派と政府の関係性に拠った審議システムへと変化を遂げていくのです。筆者が分析の対象とした審議システムの変革に関わる先例は、もともと議事進行中の議長や委員長の議事整理や秩序保持、あるいは議院の議決による議院規則の解釈（旧衆規二二二、旧貴規二二〇）の積み重ねが、帝国憲法・議院法・議院規則の強固な三元体制の中で、一定の方向性と拘束力を持つ規範として集合的に機能するようになったものです。*

*後には、各派協議会が先例生成の主体として、政党会派による運営に大きな役割を果たすようになります（四章）。国会になってからは、議院運営委員会、更には、同委員会に代わって同理事会が先例生成の主体として、大きな役割を果たすようになります（六章）。なお、先例の生成と蓄積の具体的な過程は、白井二〇一七を参照してください。

(2) 「大体の質疑応答」の機能

この変化には、超然とした姿勢からの政府の転換と、民党的なものからの政党会派の脱皮、つまり、政府と政党会派の提携の模索と、それに見合う政党会派の改良とが深く関わります。（政府を交えた）議員間の討論に基づく逐条審議とは異なり、政府との「大体の質疑応答」は、政府と政党会派との提携関係を容易に調整し、表現し得るものなのです。

政府と政党会派の提携によって、「大体の質疑応答」が拡大し、政党会派の改良が進みます。／政党会派の改良によって、「大体の質疑応答」が拡大し、政府と政党会派の提携が進みます。／「大体の質疑応答」の拡大によって、政府と政党会派の提携が進み、政党会派の改良が進みます。

以上と並行して、政府と政党会派の対立関係もまた整理されていきます。政府と政党会派の対立関係によって、「大体の質疑応答」が拡大し、政党会派の改良が進みます。／政党会派の改良によって、「大体の質疑応答」が拡大し、政府と政党会派の対立関係が明確になります。／「大体の質疑応答」の拡大によって、政府と政党会派の対立関係が明確になり、政党会派の改良が進みます。

こうした循環の中で、政党会派間の談合もまた改良が進み、政党会派による運営が制度化されて行くのです。

このような、相互に作用し共に深化する、「大体の質疑応答」の拡大・政府と政党会派の関係性の構築・政党会派の改良、以上の不可視なトライアングルの形成が、政党内閣の形成と展開をもたらす構造改革の序章となり、骨格となったのです。議会の審議においては、以下で述べるように、「大体の質疑応答」の明治議院規則の審議システムへの浸透であり、「大体の質疑応答」の全部化による明治議院規則の審議システムの変革です。そして、最終的には次章で明らかにするように、政党会派（と政府）による「大体の質疑応答」の分断・囲込みによって、明治議院規則の審議システムとは全く別の審議システム――党派的分断に特化した「大体の質疑応答」に基づく審議システム――が、明治議院規則を残したまま、先例の積み重ねによって完成するのです。

(3)　「委員」の審査から「委員会」の審査へ

前号で示した関係性のトライアングルの中で、「大体の質疑応答」の拡大による審議システムの変化は以下のように整理できます。

読会制度（二章2・3）の中で、本会議（第一読会）における特別委員付託前の「大体の質疑応答」の拡大に留まらず、「大体の質疑応答」は、次の審議ステップ、つまり、第一読会のプロセスとして存在する「委員」の審査に連鎖します。「委員」の審査にも、委員と政府との「大体の質疑応答」が浸透し、やがて委員と政府との「大体の質疑応答」へと重心が移動しました。そして第二読会の逐条審議を支えるべき（政府を交えた）委員間の討論は解体され、質疑（大体の質疑応答）と、質疑終局後の討論（単なる賛否の表明）に分離して行ったのです。

そして、委員会に、（政府を交えた）委員間の討論に基づく過半数意思の形成プロセスとは全く異なる、「大体の質疑応答 → 全体につき意思決定」という大きな枠組みができあがりました。政府と政党会派の提携／非提携の関係に適合したのは間違いなく、議案全体を対象とする「大体の質疑応答」です。逐条による（政府を交えた）委員間の討論の自由は、政府と政党会派の提携／非提携の関係にとっては寧ろ障害物であり、また、逐条による細切れの意思決定も、審査の流れを妨げかねない障害物に他なりません。提携／非提携の関係を踏まえた「大体の質疑応答」に適合する意思決定は、同じく提携／非提携の関係を踏まえた「全体につき意思決定」をおいて他にはありません。議案全体につき委員会として意思決定を行うという点において、委員会の本会議との同質化、委員会のミニ本会議化と言ってもよいものです。

逐条による審査は、この政府と政党会派の提携／非提携の関係を踏まえた「大体の質疑応答→全体につき意思決定」の枠組みの中に組み込まれて埋没してしまいました。逐条による審査が行われるにしても、言わば条文毎あるいは関連する条文毎の委員の意思決定の束として本会議の逐条審議それぞれの対象となるためではなく、委員会として議案全体についての意思決定に至る単なる前段に変化しました。逐条による審査は、審査を効率良く行うための「大体の質疑応答」の変種に過ぎないものになっていったのです。以上のことは、読会制度を採らない予算案についても変わるところはありません。

筆者は、こうした包括的な「大体の質疑応答→全体につき意思決定」の枠組みへの転換を、「大体の質疑応答」の全部化として捉えています。これは、本会議の逐条審議の前提としての「委員」の審査から、ミニ本会議としての「委員会」の審査へのパラダイム・シフトに他ならないのです。読会制度からの委員会の分離・独立といっても良いでしょう。読会制度は、このパラダイム・シフトによって、（政府を交えた）委員間の討論の自由という最も重要な要素を失ったのです。もちろん、このような変化には、既に述べたように、政府と政党会派の関係性の構築・政党会派の改良という、同期的・構造的土壌の形成があったことを十分に踏まえなければいけません。

(4) 読会制度の実質的な第一読会化

上記のことは当然に本会議審議の変革と連動します。委員会の本会議との同質化が、(政府を交えた)委員間の討論と、本会議の審議、特に第二読会(逐条審議)における議員間の討論との有機的連関を遮断してしまったのです。これにより、「委員」の審査以降の本会議(第一読会の続会以降)は、単に委員長の報告のとおり決するか否かを問う場となりました。本会議にも委員会と同様に、「大体の質疑応答→全体につき意思決定」という枠組みが形成されました。ここでも、委員会と同様に、議員間の討論は解体され、質疑(大体の質疑応答)と、質疑終局後の討論(単なる賛否の表明)に分離してしまったのです。また、形式的に三読会の手続を踏みつつも、その実態は第二読会以降の審議を省略することも当たり前となり(旧議二七)、委員の審査報告を受ける第一読会(続会)に続き同日のうちに本会議の審議をすべて終え確定議とすることも当たり前になりました。「大体の質疑応答」の全部化による、こうした委員会、本会議を通貫する変化は、簡単な法案を対象として始まり、やがて全ての法案に及ぶ普遍的な枠組みとなったのです。それは、「委員」の審査から「委員会」

の審査へのパラダイム・シフト――読会制度のプロセスからの委員会の分離・独立――による読会制度の実質的な解体であり、帝国議会における審議全体の実質的な第一読会化と言い換えてもよいものなのです。

(5)　逐条審議の消滅

逐条審議によった事例は二六回議会（一九一〇年）が最後になりましたが、これも採決の効率性の観点から逐条による採決が選択されたに過ぎません。委員間の討論と本会議における逐条審議の有機的連関の喪失により、逐条審議は既に、逐条によって採決をするという以上の意味をもたなくなっていたのです。一九三六年版に至り初めて衆議院先例彙纂は、「第二読会ニ於テハ、逐条審議ニ依ラサルヲ例トス」を設け（四四〇号）、「第二読会ニ於ケル審議方法ハ、第二七回議会以来逐条審議ニ依リタルコトナク、法律案ハ全条ヲ一括シテ議題ト為シ、委員会報告可決ノトキハ全条ヲ一括シテ採決シ、委員長報告修正ナルトキ又ハ修正案アルトキハ修正ノ部分ト之ヲ除キタル部分トニ分チテ採決シ或ハ便宜一括シテ採決スルノ例トナレリ」と説明しました。これは、（逐条による審議の原則から外れた）事実の継続状態を後にそのまま規範として説明した特異な先例であって、二七回議会に逐条審議の一律の中止を決めたということではありません。逐条審議の消失は、二七回議会までには、「大体の質疑応答」の全部化による制度変革が一通りの区切りを迎えていたことの帰結に過ぎません。修正案のある法案は、議院規則上の制約（旧衆規九七、旧貴規七七）によって、必然的に第二読会が実質的な審議（委員長報告後の審議）の場となるのですが、単に実質的な審議の場がスライドするだけで、委員長の報告のとおり決するか否かが基本であることに変わりはありません。第二読会は、逐条審議の場ではなく、修正案条項審議の場となり、更に、議案全体・修正案全体を議題として審議が行われるようになりました。

読会制度をとらない予算案も、「大体の質疑応答」の拡大に伴う制度変化は同様です。「大体の質疑応答→全体につき意思決定」という予算委員会の枠組みによって、本会議は、予算委員長の報告のとおり決するか否かを問う場になったのです。

(6)「官民調和体制」の審議システム
―― 政府与党による過半数意思の完徹システム

以上は、「大体の質疑応答」の全部化による、「委員」の審査と本会議における逐条審議の有機的連関（逐条による審議システム）解体の経過であり結果ですが、言い換えれば、過半数意思形成のための審議システムから、過半数意思完徹のための審議システムへの転換に他なりません。「討論」が質疑（大体の質疑応答）終局後の単なる言いっ放しの賛否の表明になってしまったのはその結果です。それは、政府と政党会派の提携／非提携の関係性に基づく審議システムの構築であり、政府と過半数政党の提携による「官民調和体制」*の審議システムの確立です。「和協の詔勅」（本章2）の制度的な体現であったということもできるでしょう。先例による審議システムの変革は、政府と政党会派の関係性の構築・政党会派の改良という、構造的土壌の同期的な形成と相まって、ここに半ば完成したのです。そして、官僚閥の桂太郎と政友会の西園寺公望が交互に政権を担った、この「官民調和体制」の後も、この審議システムは先例によって更なる深化を遂げて、党派的分断に特化した審議システムが完成し、構造的土壌と一体のものとして、未来に向けて固定されるのです（次章）。筆者はこれを「官民調和体制」の永続システムと呼んでいます。

貴族院も衆議院と同様に、「大体の質疑応答」によって審議システムの変革が進んだのですが、その理由は既に述べたところです（二章5）。

＊「官民調和体制」とは、一方で軍部や官僚や貴族院を一つの保守勢力が掌握し、他方で衆議院の恒常的多数を一つの政党が握り、両者が各々の内部の利害を調整しながら、安定的に国政を運営していく体制

です。一九〇五年の日露戦争後七年間、軍部・官僚閥を束ねる桂太郎と恒常的な過半数政党となった政友会との間で、ほぼ完全な「官民調和体制」が確立していました（坂野二〇〇五）。

3　政党会派による運営の制度化 i

(1)　政党会派を基礎的構成単位とする運営
——特別委員、常任委員、両院協議会協議委員

ここでは視点を変えて、政党会派を基礎的構成単位とする運営の形成、更には、この基礎的構成単位を土台とする、議長主宰の各派協議会における議会運営協議の始まりとその恒常化、広範化、濃密化がもたらした、政党会派による運営の制度化について触れます。特別委員、常任委員の比例配分だけでなく、各派協議会も、帝国議会の制度分析において必ず取り上げられることではありますが、政党会派間の協議（談合）の改良であることは言うまでもないでしょう。またそれは、「大体の質疑応答」の全部化という変革（委員会と本会議の同質化）と連関するものでもあります。既存の制度分析はこのことを取りこぼしてきたのです。

（特別委員）

政党会派を基礎的構成単位とする運営の先駆けとなったのは、原則として法案毎に設けられる特別委員の、政党会派間の談合を踏まえた、各会派比例配分です。一二回議会（一八九八年）以来、日露戦争下の二一回議会における各部通算選挙*を例外として行われるようになったものですが、これにより、特別委員の会派構成と本会議の会派構成が重なり合うものとなりました。選挙によるという原則（旧衆規旧六三①）と、議長又は各部の選挙への委任という例外（同②）のもとで、実際の手続は効率性の優先によって、議場での選挙から各部の選挙へと移行し、更に、議長への委任（議長による指名）へと移行し、この議長による指名から恣意性の疑念を排除し得る「唯一の合理的な配分方法」（川人一九九二）として、交渉によって、政党会派間の交渉を踏まえ、各会派への比例配分が行われるようになったのです。なお、各部選挙への委任は、大正衆議院規則で削除されています（旧衆規六四②）。

議長による指名の恣意性への疑念は、委員会と本会議の同質化の流れを反映するものであります。既に述べてきたように、「委員」の審査が、本会議の逐条審議に対応するものとしてではなく、「委員会」として法案を可決すべきかどうかを問う場となっていったからこそ、特別委員の会派構成が、政党会派にとってとりわけ敏感な問題として映ずるようになっていったのです。

＊特別委員の数は九（部の数）か九の倍数です。ちなみに、部属の制度（旧議四、旧衆規一七、旧貴規五）は、抽選により総議員を九部に分かち、そこで議案討議の準備をさせることで、党派の情弊を避ける狙いがありました。「各部通算選挙」とは、「議院は各部をして連記投票し其の点数を点検せしめ、議院に於て之を合計し最多数を得たる者を以って当選者と為す」ことです。「各部通算選挙」においては、各会派が合意すれば比例配分が可能になります。また、多数派が連携すれば委員を独占することもできます。二一回議会の各部通算選挙においては、一二回議会以来の比例配分の慣例を破り、立憲政友会（第1党）と憲政本党（第2党）が連携して委員を独占しました。なお、「各部選挙」とは，例えば委員数九の場合「各部に於て一名ずつの委員を選挙」することです。「各部通算選挙」が極めて煩雑であるため、初期議会以降の一時期行われていました。「各部選挙」では、偶然性を排除することができませんでした。

（常任委員）

常任委員選任への比例配分の導入は特別委員の導入よりも遅れました。その要因は、党派の弊を避ける意図をもつ議院法の規定により（旧議二〇③）、常任委員の選任を（調整と馴染みやすい）議長の指名に委ねる途がなく、各部での選挙手続から離れることができなかったことにあります。各部選挙が続いた後、二二回議会（一九〇五年）、「第一次西園寺内閣の発足を踏まえた政友会と憲政本党との交渉*（政友会の憲政本党への配慮）」（川人一九九二）によって、「各部通算選挙」の特性（前注）を活かした各派比例配分が実現して以降も、「各部通算選挙」による各派比例配分が、帝国議会の終焉まで行われ続けたのです。

*二七回議会以降、特別委員、常任委員の配分協議は、各派協議会（次号）において行われるようになります。

（両院協議会協議委員）

両院協議会協議委員の選出については、衆議院規則（旧衆規二一八、六四）により特別委員の選出方法に拠ることとされていましたが、実際には特別委員の選出と大きく異なることになりました。特別委員の選出は、既に述べたように、委員会と本会議の同質化の中で、議長の指名による比例配分に向かい、一方、両院協議会協議委員の選出は、過半数政党の出現（一九〇〇年、立憲政友会・第四次伊藤内閣、一五回議会）とともに、元の議決との同質化（元の議決の際の賛成会派による協議委員の総取り）に向かい、院議の貫徹が行われることになりました。その手法もまた効率性への指向によって、各部通算選挙*（一五回議会まで）から、議場での選挙による総取り（二六回議会）、更には、議長指名による総取り（六三回議会）へと変遷します。

特別委員・常任委員の比例配分による委員会と本会議の同質化、両院協議会協議委員の総取りによる元の議決との同質化、ともに政党会派を構成単位としながら一見異質にみえる両者が、審議の始まりから終わりまで、**過半数の意思の貫徹**という一本の線で繋がっていることは言うまでもないでしょう。

＊協議委員は常に一〇名（旧議五六①）であったので、九つある各部で一名ずつ選挙する「各部選挙」が行われることはありませんでした。

(2) 各派協議会による政党間協議の公式化

先例による変革の加速と深化には、一九〇四年（二一回議会、第一次桂内閣期）、議長の下における政党会派間の協議（各派協議会）の始まりという契機があります。ここに、政党会派による運営の橋頭堡が築かれ、政党会派間の協議は談合の域を越える端緒が開かれました。政党会派による運営は、議長の権限を媒介として進んでいったのです。

当初は、議会の運営とあまり関係のない、特定の事項に関する議長サイドからの各政党会派に対する配慮として単発的に開かれるものでしたが、やがて、各派協議会における協議の恒常化と、広範化、濃密化によって、議長の権限行使と政党会派間の協議は、法的、かつ、包括的な接合を果たすのです。議長権限と政党会派間協議の法的接合の端緒になったのが、日露戦争下の二一回議会、立憲政友会（第1党）と憲政本党（第2党）の連携によって行われた衆議院規則一五条の改正（議席の抽選制から議長権限による指定制への変更）です。これにより、議長は議員の議席を会派の区画毎に指定するようになりました。各派協議会の嚆矢もこの規則改正案審議の際の議長の配慮として行われたものであったと考えます。

この法的接合によって、各派協議会は先例創出の実質的な主体となり、政党会派による運営の制度化が進んでいったのです。『各派交渉会史料』（二五回議会以降の各派協議会の史料）によれば、議席の会派区画の協議等、議会召集の事前準備のために各派協議会が開かれるのが一九〇九年（二六回議会、第二次桂内閣期）以降であり、事前準備の対象に、前号で取り上げた常任委員の比例配分の協議が加わったのが、翌年の二七回議会（第二次桂内閣期）以降なので、この辺りから、単発的ではない恒常的な協議へと次第に進み、その対象も議院の運営全般をカバーするものへと次第に進んでいったことは間違いがありません。

ちなみに、前出の議席の指定については、二九回議会までは、召集前の各派協議会で、各会派の区画、会派からの幹部の位置の事前申出、その他の会派内席順は議長に一任（抽選）を決めています。現在のように、党派内の議席はその党派の便宜によること、つまり、各派協議会が決定した各会派の区画に基づき、会派内の席次をすべて会派から届けることになったのは、三〇回議会召集前（一九一二）の各派協議会以降です。また、黙認されてきた新聞記者の委員会傍聴（非公開：旧議二三）について、二七回議会には、各派協議会が、いったん新聞記者の排除（議院法二三条の励行）を決定しますが、次の二八回議会には、委員長の許可を条件として、新聞記者の傍聴を正式に認めるに至っています。以上のようなことも当然に、ここまで示してきたさまざまな変革と通底するものです。

このような、各派協議会の比重のたかまりはもちろん、更なる先例による審議システムの変革、政党会派内の管理・統制の強化、政党会派と政府の関係の深化と連動するものです。この法的連関については次章で明らかにします。

第四章　政党政治の展開と先例による変革（2）

1　国務大臣の演説に対する質疑の制度化

前章では、「大体の質疑応答」の全部化による、審議システムの変革を明らかにしました。本章では次なる変革を明らかにしますが、それはここまでの変革の延長線上にあります。つまり、委員会、本会議を貫通する「大体の質疑応答」の全部化による審議システム――政府与党による過半数意思の完徹システム――への変革を土台とするものです。

先取りになりますが、大きな転換は、二七回議会（一九一〇年、第二次桂内閣期）に、政党会派が質疑者を事前に通告するようになったことにあります。これにより、質疑（全部化した大体の質疑）は、議員個人の占有物から半ば離脱して所属政党会派のコントロールの明確な対象となり得ました。その効用は、質疑のコントロールという所属政党会派内の問題にとどまりません。

質疑中心の本会議や委員会運営の在り方そのものが、本来、議長や委員長の権限行使の外にある、議員同士、委員同士、政党会派幹部同士の談合の域を脱して、政党会派間の公式協議の対象となる道が開かれ、それが、議長や委員長の権限の行使と接合する道が開かれたのです。同時期に本格化した各派協議会における協議の拡大とその充実も、まさにこの政党会派による通告という見えざる基盤によってもたらされたことに留意が必要です。

政党会派による質疑のコントロールは勿論、政府と政党会派の関係性の深化とも深く関わるものなので、前段として、政府と政党会派の関係性の典型的な表出でもあり、「大体の質疑応答」の典型でもある、国務大臣の演説に対する質疑の制度化をまず取り上げます。

国務大臣の演説そのものは、一回議会（一八九〇）、衆議院で山県首相、松方蔵相がそれぞれ行った、施政演説、財政演説が最初ですが（同議会、貴族院では財政演説のみ）、衆議院では早期に定着しました。貴族院においても国務大臣の演説は、日清戦争（一八九四・一八九五）、日露戦争（一九〇四・一九〇五）という挙国体制の契機もあって、次第に定着しました。ただし、国務大臣の演説はもともとが「国務大臣及政府委員ハ何時タリトモ各議院ニ出席シ及発言スルコトヲ得」（旧憲五四）による一方的なものであり、質疑応答の明確な対象ではありませんでした。とりわけ、六回（特別）議会の衆議院本会議（一八九四、五、一六）において、伊藤首相は「質問には御答申しませぬ。私は敢て諸君と茲に於て紛争を試る積ではない。即ち私の所見を諸君に述べる積で罷出たのでありますから、質問ならば則ち質問の手続を経て御通知に相成りたい」*と述べ、他の議員に対しても答弁を拒否して退席しています。

それでも、その後の政府と政党会派との関係の変化につれ、衆議院では、国務大臣の演説と演説に対する質疑は一体のものとして定着し（一九〇一年・一六回議会、第一次桂内閣期以降）、更に、二六回議会以降（一九一〇、第二次桂内閣期以降）、貴族院でも同様に定着しました。総理大臣の施政方針演説等の国務大臣の演説と演説に対する質疑は、衆議院だけではなく、会期の開始を画する両院それぞれに共通の普遍的なワン・パッケージの制度となったのです。そしてここから、衆議院では、演説に対する質疑は、政府と政党会派の関係性を更に明確に表すものへと変貌を遂げます。同時にここから、議案の質疑も同様に、政府と政党会派の関係性を更に明確に表すものへと変貌を遂げ、審議システムの変革は次のフェーズに進むこととなるのです。

＊文書質問手続（旧議四八）への言及は、後の質問制度と演説に対する質疑の連関的な変遷を暗示するも

のでした。質問に対する答弁の多くは文書をもってし、往々数十日を経過して答弁を行うこともありましたが、二二回議会からは、質問提出者は議場において質問をし、主管国務大臣より口頭をもって答弁をする先例が開かれ、二六回議会には、各派協議会の決議により、火曜日の口頭質問・答弁の先例化と、曜日に限定されない緊急質問の先例化が行われています。以上により、口頭質問は、党派的分断に特化した「大体の質疑応答」に基づく審議システムと適合する、政府追及の極めて重要なツールとなり、しばしば大きな混乱のきっかけともなりました。国会の質問制度が口頭質問（緊急質問：国七六）と分離した、つまり、日々の議会運営と直接の関わりがない文書質問（国七四）として制度化されたのはその故です。ちなみに、緊急質問は国対政治（六章3）による議会運営の一律の拘束の中で、文書質問制度とは逆に廃れてしまっています（白井二〇一三、二〇一七、大山二〇二一）。

2　政党会派による運営の制度化 ii

⑴　政党会派内の管理・統制の強化

政党会派による運営の制度化（前章3）の更なる画期は、前号で既に触れた様に、二七回議会以降の、政党会派による質疑者の事前通告によってもたらされました。「大体の質疑応答」の典型である演説に対する質疑と議案に対する質疑が一律、政党会派による事前通告の対象となったことは、帝国議会の質疑応答がすべて「大体の質疑応答」となっていることの反映です。「大体の質疑応答」の全部化によって初めて、政党会派による制御のシステム化、更には、各派協議会の協議による制御のシステム化が可能になったのです。

発言の通告は質疑（大体の質疑）に限定されるものではありません。討論（賛否の表明）その他も含め発言の通告のすべてはやがて、議員個人からではなく、所属の政党会派によって提出されるようになります。政党会派による通告は、政党会派内の管理・統制に関わる手続、政党会派の自律に属する手続であって、もっぱら水面下の変革です。* ただし、先例彙纂上、速記録上からは、二七回議会に始まったことが、間接的にではありますが、強く推認できます。委員会も同じく、予算委員会の質疑者が政党会派によって管理された通告の対象となり、やがて他の委員会も同様の扱いになりました。また、帝国議会のオフィシャルな記録と記憶を、『議会制度七十年史』を経由して継承する、同百年史の「帝国議会史」が二七回議会の項で、国務大臣の演説に対する質疑につき、同議会から「通告順によりその質疑を許すこととなった」と、本来当然と思われることをわざわざ記した意味の実際は、時間に濾過され消え失せていますが、議員個々の質疑通告や質疑の要求とは異次元な、政党会派による通告の始まり、つまり、政党会派による質疑者の事前通告によって管理された、制度としての演説に対する質疑の始まりであったと見て間違いないでしょう。

＊政党会派による所属議員の管理・統制は、議員の発言に留まるものではありません。議員が提出しようとする本会議動議、更には、与党の事前審査の原型や、議員が提出しようとする法案に対する管理・統制手続（いわゆる機関承認手続）の原型も一律に、この辺りから明確なものになっていったのです。

(2) 各派協議会の協議との一体化

以上の変革の法的な意義を整理すれば、「大体の質疑応答」の典型である国務大臣の演説に対する質疑と、既に「大体の質疑応答」によって全部化された議案に対する質疑とを、同一範疇のものにしたこと、つまり、質疑応答の本質的な意味を、議員間・委員間の討論――賛否の表明にとどまらない自他を問わず連鎖する質疑応答――から、「大体の質疑応答」にそっくり置き換え、再定義したこと、そして、演説に対する質疑、議案に対する質疑、更には、全ての発言等を一律、政党会派の管理・統制のもとに置いたことにあります。このことは、二七回議会に、桂首相が行った政友会との情意投合宣言（一九一二、一、二九）とも無縁ではなかったでしょう。この政党会派による管理・統制によって、国務大臣の演説に対する質疑も、議案に対する質疑も、政府と政党会派の関係を円滑に反映し得るものとなり、こうした質疑応答をどのように進めるか、本会議をどのように進めるかが、各派協議会の協議対象ともなり、各派協議会の協議自体が、政府と政党会派の関係を明確に反映し得るものになったのです。ここに、優位に立ち様々な容喙権を持つ政府と一々関わることなく、政府と政党会派の関係を齟齬なく審議に反映し得る、自律的な「政党会派による運営」が定着していくことになりました。現憲法の権力分立作用のように見える、政府が直接関わるところのない、現在の「政党会派による運営」（政府与党二元体制）のルーツはここにあります。

二七回議会以降に生成した「大体の質疑応答」に関する先例は、政党会派に関するものも、政府に関するものも、政党会派による通告（政党会派の管理・統制）に支えられた、この「政党会派による運営」によって生成したものであること、そしてその多くが、議長の権限行使に直結する各派協議会の決定によるものであることに留意が必要です。討論（賛否の表明）その他の発言、更には議会運営全般についても同様です。

こうして、管理された「大体の質疑応答」によって、逐条審議の消失は不可逆なものになりました。管理された「大体の質疑応答」により、やがて、「政党会派（と政府）による質疑応答の分断・囲込み」に至るのです。それは、「大体の質疑応答」に拠った、政府と政党会派それぞれの関係性の純化であり、純化による「官民調和体制」の固定化、政府と与党の融合関係の永続化と言い得るものです。これにより、政府と政党会派それぞれの関係性（融合あるいは対立）に特化した審議システムができあがり、議員間の討論による過半数意思の形成プロセスとしての明治議院規則の審議システムは、いよいよその外形を残すのみとなるのです。

3 政党会派（と政府）による「大体の質疑応答」の分断・囲込み

(1) 本会議

政党会派による「大体の質疑応答」の管理の下で、やがて、その典型である国務大臣の演説に対する質疑は、質疑事項の全部を一度に述べるべきものへと変化しました（四〇回議会・一九一八、寺内内閣期）。議案の質疑も同様です。これにより質疑は一律自動的に、その他の発言と同様、議員毎に一回で完結するものとなり、質疑応答の連鎖を許容する規定（旧衆規一一三但）はその意味を喪失しました。逐条審議の前提である議員間の討論――賛否の表明にとどまらない自他を問わず連鎖する質疑応答――は制度として遮断され、逐条審議の消失は不可逆なものになりました。「大体の質疑応答」の包括的な純化が完成し、ここに、政党会派（と政府）による「大体の質疑応答」の分断・囲い込み——「質疑応答の構造」（本章4⑵）の普遍的な隠れた鍵——が完成したのです。

政党会派（と政府）による「大体の質疑応答」の分断・囲込みは、質疑応答における政党会派と政府とのそれぞれの関係性の抱えこみに他なりません。各政党会派と政府との関係性の明確化をベースに、議員毎に一回で完結する質疑の中での例外として、再質疑に関する先例が生成しました（四四回議会・一九二二、原内閣期）。前掲の質疑応答の連鎖を許容する規定（旧衆規一二三但）は、質疑応答の分断・囲込みによって意味の変更が行われたのです。更に後には、質疑応答の分断・囲込みによって、各会派所属議員数の按分率によって質疑の順位が定められるようになります（五一回議会・一九二六、第1次若槻内閣期）。なお、質疑順位とともに、質疑者数及び質疑時間の申合わせが三点セットで行われるようになるのは、戦時議会における「迅速化・合理化」を経験した、国会以降です。

そして、国務大臣の演説に対する質疑は、国政の全般にわたり得ることが明確にされました（四四回議会）。これにより、国務大臣の演説及び演説に対する質疑には、制度として全国務大臣が出席すべきものとなり、演説に対する質疑は、今も人口に膾炙するように「代表質疑」と呼ぶに相応しいものになりました。更には、この質疑対象の全大臣への拡張に付随して、政党会派による質疑者の通告は、議員による答弁要求大臣の通告を含むものとなり、国務大臣の演説に対する質疑にとどまらず、議員（政党会派）の答弁要求に基づく国務大臣の出席が、例外を含みつつ慣例化しました（四四回議会）。憲法六三条［内閣総理大臣その他の国務大臣は、両議院の一に議席を有すると有しないとにかかはらず、何時でも議案について発言するため議院に出席することができる。又、答弁又は説明のため出席を求められたときは、出席しなければならない］の後段は、同条前段に該当する帝国憲法五四条［国務大臣及政府委員ハ何時タリトモ出席シ発言スルコトヲ得］と緊張関係を保ちつつ、帝国議会創設以降ここまで前例主義によって積み上げられた、政党政治の展開に関わる成果を背景に、議院内閣制の根本規範の一つとして取り込んだものでしょう。これまで、学術上、憲法六三条が必ずしも深い考察の対象になってこなかった（植松二〇二〇）のは、実定制度上には現れない政党政治の動態に関わる変革が見過ごされてきた故でもあるのではないでしょうか。

このように前章で明らかにした先例による変革を土台とする、更なる先例による変革によって、政府と政党会派それぞれの関係性（融合あるいは対立）に特化した審議システム——党派的分断に特化した審議システム——ができあがったのです。それはもちろん、先例による委員会審査の変革とも同期するものであって、全体として、政府与党による過半数意思の完徹プロセスの精緻化が進んだのです。

⑵　委　員　会

前章で述べたような「大体の質疑応答」の全部化の中で、委員会の質疑応答が、本会議の質疑応答の変化と連動して更に変化するのは必然でした。本来、（政府を交えた）委員間の討論――賛否の表明にとどまらない自他を問わず連鎖する質疑応答――の自由を意味した「委員ハ委員会ニ於テ同一事件ニ付キ幾回タリトモ発言スルコトヲ得」（旧衆規一一八）は、「大体の質疑応答」仕様となり、最終的には、会派毎の質疑者の割合、順序を定める先例が生成しました。同条の意味は、委員毎（政党会派毎）に遮断された「大体の質疑応答」による一問一答の自由に変質したのです。本会議の逐条審議と有機的に連関するものと位置付けられた委員間の討論、つまり、逐条による自由な質疑応答の連鎖は、政党会派（と政府）による「大体の質疑応答」のコントロール、更には、「大体の質疑応答」の分断・囲込みによって遮断され、政党会派と政府のそれぞれの関係性をより明確にするものになりました。本会議と比べた委員会の「大体の質疑応答」の特性は、委員毎（政党会派毎）の一問一答の自由という一点に尽きるものとなったのです。

こうして、政党会派（と政府）による「大体の質疑応答」の分断・囲込みという縛りの中で、予算委員会（総会）は、国務大臣の演説に対する「代表質疑」を、一問一答によって深掘りする場となり、その格も予算委員会本来の役割とは別の意味で一層高まったのです。予算案以外の議案審査の場となる特別委員会の質疑もまた、議案全体を議題とする中で、委員それぞれ（政党会派それぞれ）がその関心事について一問一答による深掘りを行う場となりました。それが、本会議の趣旨説明・質疑――政党会派（と政府）によって囲い込まれた「大体の質疑応答」――とリンクしたものであることは言うまでもないでしょう。「大体の質疑応答」の分断・囲込みによって、委員会と本会議の同質化も純化され完結したのです。「委員」の審査から「委員会」の審査への転換の極限がここにはあります。これが、変革を経た後の、予備的審査機関としての「委員会」の姿であり、帝国議会の「委員会中心主義」の到達点と例え得るものです。

4　政党会派による審議システムの確立

(1)　国会の審議システムの原型

以上、前章からここまでは、政党会派と政府の協働による、先例の生成と蓄積という、前例主義による明治議院規則の審議システムの内部解体と新たな審議システムへの置換過程に他なりません。それが、技術的効率性の問題（表面的な審議の「迅速化・合理化」）を遥かに超えるものであったことは、最早、言うまでもないでしょう。

「大体の質疑応答」の全部化によって形成された「官民調和体制の審議システム」に、各派協議会によって議長権限との法的な接合を遂げた、政党会派による自律的運営が組み込まれたのです。その結果が、政党会派（と政府）による「大体の質疑応答」の分断・囲込みです。以上のことは、読会制度の手続を形式的に踏む表層的な一貫性の保持と一体でありながらも、その実相は全く異なるものになりました。読会制度の外装を剥がした、政党会派（と政府）による分断・囲込みが組み込まれた法案審議の実相は下記のようなものです。読会制度によらない予算案の審議も、分断され囲い込まれた「大体の質疑応答」の典型――政府と政党会派の関係性の象徴――としての、国務大臣の演説（財政演説を含む）・代表質疑が前置されていることを踏まえれば、変わるところがありません。議員と政府間の「大体の質疑応答」——民党側の主導により、明治議院規則に周縁的な規定として打ち込まれた一本のクサビ——は、議員と政府間の「大体の質疑応答」の全部化、更には、政党会派（と政府）による分断・囲込みという過程を経て、読会制度の内奥に、政党会派による審議システムの確立をもたらしたのです。

本会議　趣旨の説明、質疑応答、特別委員付託
委員会　趣旨の説明、質疑応答、討論（賛否の表明）、可決
本会議　委員長の審査報告、討論（賛否の表明）、委員長報告のとおり可決
＊質疑応答はすべて、政党会派（と政府）によって分断され囲い込まれた「大体の質疑応答」です。

この政党会派による審議システムは、もちろん国会の審議システムの原型に他なりません。国会法制定時に読会制度を躊躇なく放棄し、国会法五六条二項本文が「議案が発議又は提出されたときは、議長は、これを適当の委員会に付託し、その審査を経て会議に付する」と規定したのは、制定国会法が導入した、国政を網羅する常任委員会制度と上記の実相の当

然の帰結ですが、ここから漏れた本会議（第一読会）における、趣旨の説明と質疑応答が、一回国会、自由討議（国旧七八）の形式を借りて瞬く間に復活し、更に二回国会、「各議院に発議又は提出された議案につき、議院運営委員会が特にその必要を認めた場合は、議院の会議において、その議案の趣旨の説明を聴取することができる」との規定（国五六の二、六章3(3)）により、「議院運営委員会が特にその必要を認めた場合」という限定を付して復活したのも、上記の実相の強力な拘束力の故です（白井二〇一三）。

国会制度を説く古典（鈴木一九五三）が示した、読会制度によった帝国議会の「本会議中心主義」と国会の「委員会中心主義」の対比は、国会制度の意義を説く上で、明快、かつ、重要な要素となっています。しかし、対比された「本会議中心主義」が、先例による決定的な変革を踏まえたものであった訳ではなく、「委員会中心主義」がその変革の影響を踏まえたものであった訳でもありません。次節では大正議院規則の議決を取り上げますが、その議決によって封印された改革の記憶は、「本会議中心主義」のブラック・ボックスの中にあるのであって、前例主義がもたらした不可視な構造連続は、今も封印されたままなのです。

(2)「過半数意思の形成プロセス」解体と外部への同期的派生

——質疑応答の構造

先例の生成と蓄積によって、政府と政党会派それぞれの関係性（政府与党と野党の対立関係）に特化した審議システム——党派的分断に特化した審議システム——ができあがり、明治議院規則の審議システムの外形を残したまま、根本的な変革が行われてきたことを見てきました。

それは、議員間の討論に基づく「過半数意思の形成プロセス」解体の道程に他なりません。「過半数意思の形成プロセス」は、「大体の質疑応答」による変革と並行して、審議の外の可視的ではない場所——政府と政党会派との関係（政府と過半数政党の融合）、政党会派内の関係（政党の改良：所属議員の管理・統制）——に回収され、審議システムの改革と接合する、可視的ではない別の枠組みとして派生していったのです。*

「和協の詔勅」が「官民調和体制」（前章2(6)）への道標であったとすれば、この道標の一面には、よく知られている九回議会開会（一八九五）前の第二次伊藤内閣と自由党の提携があるでしょう（升味一九六六）。そこでは、「(1)予算案は予じめ自由党に内示し、其の同意を求むること。(2)議会に提出すべき重要なる法律案も同一の手続を執ること。(3)新なる政策を立てんとするときは、予じめ自由党と協議を遂げ、其の同意を求むること。(4)政府は国民の与論を採用して、各般の施設を遂行すること。(5)互に宣誓書を発表して、其の出所進退を明白にすること」とされました。

以後、議員間の討論に基づく「過半数意思の形成プロセス」の外部への派生は、この先駆け的な「官民調和体制」への道標が示した道筋を進み、最終的に、政党会派（と政府）による「大体の質疑応答」の分断・囲込みを接合の鍵とする、政党会派による審議システム／審議の外における政党会派と政府の関係／審議の外における政党会派内の関係、以上による不可視な三位一体の枠組みができあがりました。先例の生成と蓄積という前例主義が作り上げた「質疑応答の構造」の完成です。

この三位一体の枠組みの中で、審議の外における政党会派と政府の関係・政党会派内の関係の中心にあるものが、与党事前審査制、議員提出議案のいわゆる機関承認、そして以上の結果でもある強固な党議拘束という、今に繋がるものの原型です。外部に派生してシステム化した事前調整と、政党会派による審議システムは表裏一体となって、政府与党による過半数意思の完徹システムとして機能しているのです。

＊外部への同期的派生については、伏見二〇一三、黒澤二〇一五を参照。前者は、政府と政党会派の提携

に関わる「予算政治」のダイナミズムに着目し、桂が、一六回議会・一九〇二年以降、一貫して、予算案に関して政友会幹部との間で行った直接協議の協調的な慣行（同書は「予算交渉会方式」と呼ぶ）を、分立的な統治機構を統合する具体的な方法として指摘し、その形成・展開・終焉のプロセスを追っています（当然、予算案だけでなく予算案に関連する法案や建議案の動向を追うものでもあります）。そして、桂の政治指導が、衆議院の予算案審議を統制できる政友会の役割を逆説的に向上させることになったと指摘しています。一方、後者は、この政友会の幹部主導を支えた党内手続を確認し、更に、所属議員の議院内での行動を統御するために創設された政務調査会が、議会閉会期に常設されると部会単位で代議士と官僚とが接触する器官ともなっていく経過を追っています。

以上、前章及び本章で明らかにした先例による審議システムの変革を理論的に裏打ちしたのが、衆議院事務局が編纂した衆議院先例彙纂・同委員会先例彙纂です（はじめに1）。この理論的裏打ちの作業は一九〇二年（明治三五年）版から行われてきましたが、一九一二年（大正元年）版からは、それまで帝国憲法・議院法・衆議院規則の三元体制による実定制度上の審議システムの異例と位置付けられてきた「大体の質疑応答」に関わる先例や政党会派を議会運営の基礎的構成単位とする先例の、包括的な通則化が、実定制度に配慮しつつそろりと進められています。また、「委員」の審査から「委員会」の審査への変革による委員会と本会議の同質化、読会制度からの委員会の事実上の分離・独立についても、「委員［会］に関する法律規則が甚だ少ない故に本会議に関する法規に準拠する」という、後付けの転回的な規範化基準を委員会先例彙纂の冒頭で明らかにした上で、そうした先例の包括的な通則化が進められています。そして、一九二〇年（大正九年）版に至って、衆議院先例彙纂・同委員会先例彙纂一体として、先例による議会運営、政党会派による議会運営の規範集としての基礎を確立したのです。

5　大正衆議院規則の議決

先例による改革が成った後の、一九二五年・五〇回議会における新たな「衆議院規則」の議決を、同案審査特別委員長は「本案は殆ど全員の御提出でありまして……、為に本案は時勢の推移と及び実際の運用に照らして、其粋を尽して居るものと認め得られるのでありま す。勿論之を尚お審議すれば幾多改正の点もございましょうが、兎に角短日月の時に於て、議院法に触れずして此の改正を為すと云うことでございますからして、先以って是で完全のものと見られるのでありります」（三、二四衆本）と説明していますが、先例の生成と蓄積による審議システムの変革（政党会派による審議システム）が素直に規定された訳ではありません。大正衆議院規則では、前例主義による変革を所与のもの（もともとあったもの）とする微調整が行われたに過ぎません。

改正の要点は、議院法の制約によって改正が不可能な「読会」の節はそのままに、「討論」の節――読会制度に対応するものとして規定されている議員間の討論の体系（二章）――を、先例の生成・蓄積によって形成された全く異なるシステム――質疑（全部化した「大体の質疑応答」）と狭義の討論（全体についての単なる賛否の表明）という二段階のプロセス（三章2）――に一見矛盾なく置き換えたことにあります。既存の討論終局動議の規定（旧衆規一二〇）に加えて、質疑終局動議の規定を新設（旧衆規一二一）することによって、議員間の討論の体系を有名無実化し、この二段階のプロセスを「討論」の節に組み入れたのです。このような、先例と議院法・議院規則の体系的な倒立関係は本来あり得ないもので、もちろん質疑応答に関する部分以外に見いだすことはできません。

「時勢の推移と実際の運用を踏まえた」外形の刷新は、「議院法に触れずして」、議院規則と政党政治の共棲――帝国憲法、議院法の下にある議院規則が、もともと政党政治と相反しないものであること――を顕示する機能を果たしたのです。未だかつてない本格的な政党内閣（加藤高明内閣：護憲三派連立）に相応しいものとして、議院規則の外形の刷新そのものに大きな意味があったのです。大正衆議院規則は、政党政治と帝国憲法体制の正統的な融合の顕現であり、象徴です。その議決は、まさに、護憲三派内閣の究極のテーマとも言うべき普選法案（衆議院議員選挙法改正法案、政府提出・衆議院送付）の貴族院審議が最終段階を迎えた中、当日（一九二五、三、二四）は、本会議前に正副議長党籍離脱、衆議院規則案の委員長報告に続いて、正副議長の党籍離脱の慣例化を希望する決議という特別な意匠も加えて（同決議、衆議院規則案ともに、総員起立により可決）、政党政治の正統体制の完成（「和協の詔勅」が示した有終の美（三章２））を強く印象付けるものであったのです。

右によって、大正衆議院規則が持つ意味合いを推し量ることができるでしょう。この希望決議*は、議院法・衆議院規則が規定する議長の強力な権限と政党会派による運営の関係性を、正副議長の党籍離脱という象徴的な行為によって可視化することで、政党政治の正統性を宣言するものであったのです。

＊「議長は議院の秩序を維持し議事を整理するの職責を有す。従って議院法並び衆議院規則に於ては議長に対し絶大なる権力を附与せり。而して議長の職にあたる者は不偏不党厳正公平たることを要すべきや論を俟たず。今や現任議長及び副議長は此の趣旨に鑑み党籍を離脱し範を将来に示したり。故に本院は

将来議長及び副議長にして政党政派に属したる場合に於ては其の在職中に限り党籍を離脱せられんことを望む。」

こうした先例による変革と議院規則の外形上の刷新がもたらす二重の不可視性（閉鎖性・曖昧性）なくしては、政党会派と政府の融合という、立法協賛機関と政府の関係性をめぐる構造改革は成就し得なかったのです。「本会議中心主義」という固定観念——国会制度を論じるに当たって恐らく例外なくはまっている陥穽——は、この意図して作られた二重の不可視性にあります。

なお、先行した大正貴族院規則（一九九二年、四四回議会議決）は、貴族院における先例の生成と蓄積による変革の到達点——「大体の質疑応答」の全部化まで——を踏まえたものですが、上記衆議院規則の改正形式と同一であり、改正内容も同一といっても過言ではありません。衆議院規則の新たな議決は当然、「議院法に触れずして」、「規則の不備を補って実際の運用に供して来た……慣例を明文に表すのが、今日の時期であろう」（四二回、二、四貴本）として行われた大正貴族院規則の議決に倣ったものでしょう。なお、貴族院規則は、「討論」の節名を「発言」に改めて拡張しており、衆議院規則より、現実に即したものになっています。国会の衆参各議院規則も、貴族院規則の「発言」の節名を継承し、そこに、質疑と討論の二段階のプロセスを明記するに至っています。

6　政党政治の法構造

いずれにせよ、大正衆議院規則は、護憲三派による政党内閣（加藤内閣）の樹立とその成果を称揚するものとして、明治議院規則の外見を一新し、再起動して見せました。筆者はこの象徴的な行為を、実定制度と「質疑応答の構造」が共棲する「政党政治の法構造」の完成の宣言とみます。帝国憲法・議院法の下にある、議院規則と政党政治の共棲だけではなく、実定制度全体によって成り立つ帝国憲法体制と政党政治が共棲する法構造が完成したということです。そこでは、帝国憲法体制に政府と与党の不可視な融合が組み込まれ、多元的なその他の権力をも吸引する強力な磁場が「質疑応答の構造」の土壌に形成されていました。立法協賛機関の擬態によって、多元的に権力が分立する帝国憲法体制に政府と与党の融合が不可視に組み込まれ、分立するその他の権力をも吸引する磁場が「質疑応答の構造」の土壌に形成されたのです。

これにより、模範とした国々とは異なるタイムスパンの促成によって、英国流の二大政党体制による「憲政の常道」と言われる現象にまで到達したのです。政党政治のシステム構築に関する不磨の大典の憲法改革は、既存の附属法による実定制度を維持したまま、先例の生成と蓄積による変革という見え難い前例主義に拠って、捉え難いものとして行われたのです。

もちろん、「政党政治の法構造」に「憲政の常道」が制度として組み込まれていた訳でないことには注意が必要です。「政党政治の法構造」は、あくまでも、政府と「衆議院の恒常的多数を占める」過半数政党の構造的な融合により、政権与党が永続する（はずの）ものとしてあったのです。「官民調和体制の永続システム」（前章2⑹）として形成されたといっても良いでしょう。

それ故に、総選挙の結果が政権交代をもたらすことはなかったのであって、また、それに故にこそ、「憲政の常道」を作り出した元老（西園寺公望）の奏薦による大命の降下を目指して、激烈な倒閣抗争が政党内閣制の時代を覆ってしまったのです。次章では、敗戦による憲法体制の転換、国会制度の導入によっても、「政党政治の法構造」がそのまま継承されたことも明らかにしますが、もちろん、現在の「政党政治の法構造」においては、倒閣ではなく、総選挙の勝利（同質化した参議院の通常選挙の勝利を含む）が至上命題となるのです。

以上の改革の営為の埒外にある他者――天皇の統治大権、統帥大権、更には、天皇の神性といった、帝国憲法の揺るがしがたい正統原理により近い他者――と「政党政治の法構造」との関係はどうであったのでしょうか。正統原理により近い他者とは、帝国憲法の多元的な分立体制を担う他者であり、分立体制の部外者でもあり得ますが、特に、正統原理を原理主義的に信奉し、標榜する他者にとっては、立法協賛機関の擬態は帝国憲法体制の擬態であり、帝国憲法体制への寄生に他なりません。正統原理との軋轢の中で、分立的な権力の統合をめぐるこうした非政党的あるいは反政党的な他者と政党政治のせめぎ合いは、相互利用と反発や衝突が入り混じる屈折したものになりました。政党とこうした様々な他者は、「質疑応答の構造」の不可視な磁場において深く関係し、影響しあったのです。

政党内閣制の展開も、こうした他者の伸長とその思惑を内面に取り込むものでした。第一次世界大戦後の国際協調体制・経済金融体制の形成と破綻という激動に翻弄された最後発の「植民地帝国」にあっては、こうした他者や原理主義的な主張を積極的に招き入れて利用した与野党対立構造への過剰適応をも一因とし、五・一五事件（一九三二年）の衝撃によって政党内閣制は瓦解したのです。政党政治の絶頂期は余りにも短かったと言わざるを得ませんが、一面では、立法協賛機関の擬態が持つ構造的な脆弱性の露呈に過ぎなかったとも言えるでしょう。以後、政権担当権力――「質疑応答の構造」の磁場において多元的な権力を糾合し得る権力――から後退した政党は、その後退によって弛緩した「質疑応答の構造」の中で、政党内閣の復活を目指すことになりました。それもまた、政府に対する協力と衝突、他者との連携と衝突が入り混じるものでした。

7　政党内閣制崩壊の後

一九三二年、衆議院の議会振粛委員会が、「綱紀粛正要綱」によって提起した「常置委員会」構想は、政権担当権力からの脱落によって弛緩した政党と政府の関係性の再構築を、公式の審議の場での、事前審査的なものによって図ろうとしたものでしょう。しかし、「常置委員の組織は各政派の代表者を網羅し、議会閉会中に於ても、常に政府と折衝をなし、国策遂行に付て両者の間に意思の疎通を図り、次期議会に対する所の審議の準備をなし、之に由って議会短期の欠缺を補い、議会と政府との関係を円滑ならしめ、議会政治完成の一階梯と致したい」（一九三四、三。二〇衆本）という直球を帝国憲法体制の正統原理が受け入れる（議院法改正の）余地は、衆議院以外にはもともとどこにもなかったのです（貴族院は、同法改正案（衆提出）を否決）。

逆に、一九三八年、政府の議会制度審議会が帝国憲法の正統原理を謳い「審議能率の増進」を求めたのは、日中戦争の拡大に伴う戦時体制強化が求められた時代にあっては当然のことでした。一九三九年、衆議院各派協議会が行なった「議事進捗に関する申合」はその回答でもあります。なお、各派協議会は、本申合に基づき「各派交渉会規程」を決定し、以後、「各派交渉会」となりました。「各派交渉会の議事は全会一致を以って之を決す」（規程六）は、戦時に即応する議会として各派交渉会の協定に権威あらしめるための宣言のようなものです。それはもともと非議決機関である各派交渉会の一面の強調であることには注意を要します。政党会派による自律的運営が構造として国会の運営に継承されていることを認識することが必要だと考えています。

さて、本申合中の「国務大臣の施政方針の演説に対する質疑者は相当数に制限すること」、「質疑者は予め質疑主旨並びに質疑順位質疑時間等に付き主任と協議すること、本会議の場合も亦之に準じ院内主任総務と協議すること」、「本会議委員会を通じ極力質疑の重複を避けること」、「予算委員会に於ては予め各部門（例えば財政、外交、商工、農政等）に各委員の分担を定め、各部門に於て検討を行い、其の代表者をして質疑せしめること、従って予算委員会に於ける代表質疑者は適当数に限定すること、各委員会も之に倣うこと」等々の戦時議会における審議の「迅速化・合理化」も、次章で明らかにする構造連続の中で、その多くが「憲法と国会法の精神に反しないもの」として、国会の先例等に引き継がれることになったのです。質疑順序に加え、質疑者及び質疑時間の議院運営委員会申合せや、制度としての質疑項目の事前通告の慣行やこの慣行に付随する質問取りの慣行です。

一方、頓挫した「常置委員会」構想は、一九四一年、政党解消後の翼賛議会において、両議院それぞれ「調査会」（規約は、衆議院議員打合会決定、貴族院各派交渉会決定）として翻案されました。「議事準備の為諸般の調査研究を為し併せて会員相互の親睦を図る目的を以て」省庁別の部（衆議院一四部、貴族院六部）を設けて事前審査を行い、以後、戦時協力体制の一翼を担いました。（更に、衆議院においては、後に結成された院内会派（翼賛議員同盟）や、翼賛選挙（一九四二、四、三〇）の後、東條内閣の肝入で結成された唯一の政党（翼賛政治会）においても、「調査会」と重複して事前審査が行われました）。

8　敗戦後――国会法案起草の前段

敗戦後、帝国議会衆議院が主体となった国会法案起草の過程においては、この「常置委員会」構想の挫折とその後の「調査会」のある種の成功体験をもとにほとんど悲願として、「常置委員会」の設置が旧来型の常任委員会・特別委員会とセットで図られました（ここに「本会議中心主義」と「委員会中心主義」の措定に繋がる問題意識はともに存在しません）。しかし、「常置委員会」の設置は、権力の分立を重視するＧＨＱ（連合国最高司令官総司令部）の指示によって否定され、代わりに、国政全般を分担してカヴァーする「常任委員会」の設置が指示されました。国政調査権等の格段に強化される議院の権限はこの常任委員会が中心となってその行使を担うことになったのです（西澤一九五四）。これが、もともとの「委員会中心主義」、つまり「常任委員会中心主義」です。

それはさておき、「常置委員会」構想は、既に述べたように、権力の融合に関わる政府と政党会派の協議を公の審議の場で実現する性格のものでした。「常置委員会」構想は、旧憲法の多元的な分立体制に続き、新たな憲法の権力分立体制によっても否定され、そして、アメリカ流の明確な権力の分立と議院内閣制の並存と理解される制度が作られたのです。

一方、帝国議会から国会への法的転換と隙間のない継承の仕組みは、次章で分析しますが、この不可視な仕組みによって、帝国憲法の分立体制下において作られた「政党政治の法構造」が、「議院法伝統」*という実定制度上の前例主義に付随して、新たな憲法の権力分立体制と議院内閣制に沿うものとしてそのまま無意識に組み込まれ、アメリカ流の新たな委員会制度は、この構造の中で運用されていくことになったのです。被占領期を経て、国会制度がたどる道筋がここに浮かび上がるのです。

＊「議院法伝統」は次のように要約・定義されたものです（大石二〇〇一）。

・議院手続準則は、憲法典・法律・議院規則という三種類の法源の中に見出されること、憲法・法律・議院規則という成文規則によって議事準則が規律されていること（三元体制）

・両議院の組織・構成は大きく異なるのに、その議事運営は必ず足並みをそろえるべきだという考え方が強いこと、つまり、強い両議院同一準則観、その反面として弱い議院自律権の観念があること

・成文化・法典化への著しい思考が認められること

第五章　国会制度への転換と前例主義

1　「帝国憲法との法的継続性」の確保と巻き戻し

ここでは、一章で提起したもう一つの盲点を取り上げます。そこで述べたように、注目すべきは「一八九八年の憲法から新憲法に至る完全なる法律上の連続線が確保されねばならないこと」というフレーズです。これは、九〇回帝国議会、憲法審議に当たってのマッカーサーの声明「議会における討議の三原則」のうちの一つ「帝国憲法との法的継続性」確保の原則に繋がった、極東委員会の「新日本憲法制定に関する諸基準」中の一節で、マッカーサー草案以降の占領者の意向の変化を如実に示すものです。

帝国議会の介在を規定せず「此ノ憲法ハ国会［マッカーサー草案は「国会」の一院制］カ出席議員三分ノ二ノ氏名点呼ニ依リ承認セラレタル時ニ於テ確立スヘシ」（草案一一章承認・

九二①）と規定したマッカーサー草案と、「帝国憲法との法的継続性」確保の差は、佐藤達夫が「この［草案］一一章も、わけのわからない条文ではあるが、明治憲法との法的継続を否定する前提のもとに置かれたものにちがいないと…．考えていた」（佐藤（達）一九九四）と回顧するように、歴然としたものだったのです。「帝国憲法との法的継続性」確保への変化は、「日本の憲法学者や超国家主義者の団体が後に至って新憲法は外部から押し付けられたもの」と主張する無効論を防ぐ意図をもつものではあったのですが、実際には、宮澤俊義の「八月革命」説に代表されるように新旧両憲法は断裂されたものとして理解され、「帝国憲法との法的継続性」は、まともに考察の対象となってきませんでした。その反動もあって、押しつけ憲法論もまた、一定の評価と影響を保持し続けることになったのではないでしょうか。

さて、マッカーサー草案は、このような占領者の意向に乗った日本政府の手腕によって曖昧に巻き戻され、例えば、国会の章にあった、内閣不信任案可決（信任案否決）の場合の総辞職又は解散の規定（「一〇日以内ニ辞職シ又ハ国会ニ解散ヲ命スヘシ」）は、「一〇日以内に衆議院が解散されない限り、総辞職しなければならない」と手直しの上、内閣の章（憲六九）に移されました。これによって、憲法六九条は、「制限的な意味での解散権の根拠規定」ではないことも示すことになったのです。主権回復後間もなく行われた第三次吉田内閣による抜打ち解散（七条解散）は、このような「帝国憲法との法的継続性」確保の背景のもとに行われたものです。もちろん、国会の一院制から、帝国議会とパラレルな、両院制への巻き戻しも同様です。帝国憲法の改正形式がとられたのは、究極の巻き戻しに他なりませんが、このことは2以降で述べます。

八九回（臨時）議会に可決された改正衆議院議員選挙法に加え、これまで述べてきたような動きと並行して、ポツダム命令に基づく公職追放等、衆貴両院それぞれにつき一定の民主化措置*がとられ、また、憲法改正担当大臣も任命されて、憲法改正案の審議を迎えたのです（九〇回（特別）議会）。

＊改正衆議院議員選挙法は、男女同権、選挙権・被選挙権の年齢引下げ、大選挙区、制限連記制等を規定するものでした。／貴族院議員については、任期のない公侯爵議員を除き、任期延長措置（勅令）が二度とられていますが、欠員補充によって質的充実が図られています。／帝国議会の構成に関わる公職追放は、八九回議会解散（一九四五、一二、一八）、翌日、当初の総選挙期日－一、二二－閣議決定発表差止命令、第一次の公職追放指令（四六、一、四）、総選挙期日延期指令（三、一五より早くない時期）も挟んで、総選挙告示（三、一一・総選挙四、一〇）までの間に行われました。

憲法制定をめぐるドラマも並行して繰り広げられました。憲法問題調査会（松本委員会）の試案スクープ報道（二、一）、マッカーサーが民政局に憲法草案作成指示（二、三）、政府がＧＨＱに「憲法改正要綱」を提出（二、八）、ＧＨＱは同要綱を拒否、政府にＧＨＱの草案を手交（二、一三）、政府「憲法改正草案要項」発表（三、六）、「憲法改正草案」発表（四、一七））。

2　「議院法伝統」の形成と憲法補則

ところで、憲法と「帝国憲法との法的継続性」の確保は、国会法と旧議院法との法的継続性の確保を可能にし、それがまた、議院規則と旧議院規則との法的継続性の確保を可能にします。そしてそれがまた、この法的継続性に密接に関わる見え難い先例の継続性の確保を可能にします。憲法・国会法・議院規則の三元体制による「議院法伝統」の形成とはまさにそのように機能するものであったのです。

その鍵となったのが、憲法補則（一一章）です。この補則により、憲法全体の同時施行が規定され、その施行前に、憲法議会を構成した帝国議会が、国会法案、参議院議員選挙法案等の憲法附属法を審議することも可能になりました（憲一〇〇②*）。憲法全体の同時施行が、施行後に召集される最初の国会の衆参同時スタートを念頭に置いたものであることは、言うまでもないでしょう。ただし、衆参同時スタートが、帝国憲法の改正形式によること、二院制をとることと同時期に決まった訳ではありません。内閣法制局においては、新憲法案とともに参議院法案を提出して、両院関係に関わる部分をも先に施行するか、それとも、参議院の構成に関する部分のみを先に施行するか等の選択肢も検討されましたが（佐藤（達）一九九四）、憲法改正草案口語化第二次草案（一九四六、四、一三）において、新しい憲法の出発に相応しいものとして、憲法全体の同時施行が選ばれ、それに伴う経過規定も置かれることになりました。これにより、「議院法伝統」のストレートな形成が可能となり、またこれにより、最も簡便で、最も徹底的な方法で帝国議会との法的連続性の確保が可能になりました。国会法の制定を主導した帝国議会の衆議院、更に言えば、その実務を担った衆議院事務局は、この時点で、大きなフリーハンドを得たのです。

＊憲法一〇〇条②　この憲法を施行するために必要な法律の制定、参議院議員の選挙及び国会召集の手続並びにこの憲法を施行するために必要な準備手続は前項の期日［施行期日：公布の日から六月を経過した日］よりも前に、これを行ふことができる。

3　衆参同時スタートの仕組み

本論に入る前に、前掲の憲法一〇〇条二項の規定に沿って、憲法公布（一九四六、一一、三）後に、国会の準備手続がどのように進められたか、その時系列をごく簡単に確認しておきます。以下のとおりです。

九一回議会（一九四六、一一、二六～一二、二五）
　参議院議員選挙法案（政府提出）両院可決
　国会法案（衆提出）→貴族院：同法案審議未了
九二回議会（一二、二八～一九四七、三、三一）
　衆議院議員選挙法改正案（政府提出）両院可決（中選挙区制への回帰）
　国会法案（衆提出）→貴族院：同法案修正→衆議院：同回付案同意、暫定衆議院規則議決、衆議院解散（三、三一）
　参・選挙公示（三、二〇）、衆・選挙公示（三、三一）、参・選挙（四、二〇）、衆・選挙（四、二五）、国会法公布（四、三〇）、憲法施行・国会法施行（五、三）、国会召集詔書公布（五、六）、
一回国会（五、二〇召集）

衆議院規則、参議院規則をそれぞれ議決、暫定衆議院規則失効（六、二八）

(1) 憲法補則

憲法補則中一〇一条と同一〇三条*は、憲法施行の際、参議院の未成立、延いては、衆参両議院で構成される国会の未成立という事態に対処するため、「国会としての」衆議院の権限（憲一〇一）と、その構成員となるべき衆議院議員の地位を定めたものです（憲一〇三）。ただし、この両規定は、既存の憲法コンメンタールが等しく採るような、国会の衆議院と衆議院議員を対象としたものではなく、前掲の憲法一〇〇条二項の特則として、帝国議会の衆議院と衆議院議員をターゲットにしたものであって、実際の憲法施行の時点では、既にその役目を終えていたのです。

帝国議会衆議院議員が「その地位に相応する地位がこの憲法で定められている者」（憲一〇三）としてそのまま国会の衆議院議員の地位を保つことで、帝国議会と国会の衆議院の法的連続が確保されます。これによって、帝国議会衆議院が「国会としての」権限の行使（憲一〇一）を可能にするものだったのです。つまり、この両規定は、憲法施行の時点で、帝国議会衆議院の解散と参議院議員の選挙がともに行われていない場合には、解散までの間、その帝国議会衆議院が、「国会としての」権限を行うことを可能にします。

このことは、衆議院の法的連続に依拠したまさに仮想現実（ヴァーチャルな拡張現実）に過ぎないのですが、行政部門、司法部門と異なり、国会を構成する、衆議院議員の選挙、参議院議員の選挙を挟む故に、隙間のない転換と継承のためには、この仮想現実が不可欠でした。両規定は、帝国議会がこの仮想現実に則する憲法附属法を制定することを可能にしたのです。それが、国会法（附則）であり、更には、この附則を踏まえて議決され、新しい国会冒頭の衆参両議院それぞれの院の構成等を一律に規定した暫定衆議院規則（本則）です。

＊憲法一〇一条　この憲法施行の際、参議院がまだ成立していないときは、その成立するまでの間、衆議院は、国会としての権限を行ふ。

＊同一〇三条　この憲法施行の際現に在職する…、衆議院議員…その他の公務員で、その地位に相応する地位がこの憲法で定められている者は、…、…、この憲法施行のため、当然にはその地位を失ふことはない。但し、この憲法によって、後任者が選挙又は任命されたときは、当然その地位を失ふ。

⑵　国会法附則・暫定衆議院規則本則

以上のことの痕跡を今に示すのが、全部改正をしない限り消去が不可能な国会法の制定法附則です。同附則三項と四項*は、ともに前掲の憲法一〇三条を根拠にし、ともに同一〇一条の「国会としての」衆議院の権限行使に関わるものですが、附則三項は、続く四項を規定するためだけに置かれたものです。つまり、憲法施行前に行われる解散によって、附則三項が規定する帝国議会正副議長の存在が間違いなく消えることを当然の前提として、附則四項の規定が置かれ、「公務員で、その地位に相応する地位がこの憲法で定められている」国会役員（憲五八、国一六）として、衆議院の書記官長がそのまま事務総長となり、また衆議院の書記官長と同様に、「その地位に相応する地位がこの憲法で定められている」国会役員として、貴族院の書記官長が参議院の事務総長になり、国会のスタート時に、それぞれ衆参各議院の正副議長選挙の主宰者（国六・七）としてその権限を行使する体制が整えられたのです。これが、書記官長から事務総長への自動的な転換を接着剤とした、貴族院をも含めた帝国議会から国会への隙間のない転換の一面、すなわち、外形上の衆参同時スタートの仕組みです。帝国議会衆議院の最後の解散当日、帝国議会衆議院が議決した暫定衆議院規則の本則は、一回国会冒頭における、衆貴両書記官長（衆参両事務総長）の正副議長選挙の主宰者としての権限等を具体的に規定するものであり、以上の仕組みの仕上げとなりました。このように、国会法本則において、事務総長を国会役員にしたこと（国一六）と、議長・副議長選挙の主宰者を、取り得る別の選択肢：年長者ではなく、事務総長にしたこと（国七）は、衆参同時スタートと密接な関係があるのです。

***国会法附則③**　この法律施行の際現に在職する衆議院の議長及び副議長は、この法律により衆議院の議長及び副議長が選挙されるまで、その地位にあるものとする。

***同附則④**　この法律施行の際現に在職する衆議院及び貴族院の書記官長は、この法律により衆議院及び参議院の事務総長が選挙されるまで、夫々事務総長としての地位にあるものとする。

4　制度規範の転換と継承

(1)　国会法附則・暫定衆議院規則附則

衆参同時スタートのもう一つの側面が、3で述べた外形上の同時スタートと一体化した、制度規範の隙間のない転換と継承の仕組みです。国会法附則五項*は、「参議院において規則を定めるまでは、衆議院規則の例による」と規定しています。この五項中の「衆議院規則」もまた、先に述べた暫定衆議院規則によって調整されています。同規則の本則は、一回国会冒頭、書記官長（すなわち事務総長）が主宰する正副議長の選挙や、続く総理指名手続き等に関わる規定ですが、ここで注目すべきは、大正衆議院規則のうち、「日本国憲法、国会法及びこの暫定衆議院規則に反しない規定は、新たに衆議院規則が議決されるまで、その効力を有する」と規定した同暫定規則の附則二項*です。これにより、衆参両院は、憲法・国会法とともに、衆議院規則という同一規範によって、スタートできたのです。一回国会途中の同日に、新たに議決された衆参議院規則それぞれによって、暫定衆議院規則本則とともに、「日本国憲法、国会法に反しない規定」（同附則②）、つまり、帝国議会の議院規則から、引き継ぐべきものは包括的に引き継いだのです。

このようなことが可能であったのは、もちろん、帝国憲法・議院法の下の衆貴両院の議院規則が、両院それぞれの特性に関わる部分を除き、基本的に同じものであったように、憲法・国会法の下の衆参議院規則も当然、衆貴両院の議院規則から引き継ぐものも含め、基本的に同じであって然るべきという、暗黙の了解があったからです。

***国会法附則⑤**　参議院成立当初における参議院の会議その他の手続及び内部の規律に関しては、参議院において規則を定めるまでは、衆議院規則の例による。

***暫定衆議院規則附則②**　大正一四年三月二四日議決の衆議院規則の中、日本国憲法、国会法及びこの規則に反しない規定は、新たに衆議院規則が議決されるまで、その効力を有する。

(2) 先例等

更に言いますと、以上の「法律上の連続線」に密接に関わる見え難いもの、つまり、実定制度には決して組み込まれることのない政党政治の動態に関わる規範としての先例もまた、憲法・国会法・議院規則と一体のものとして、国会制度や議院内閣制の運用規範に組み込まれたのです。

先例についても、「帝国議会における先例で、憲法、国会法に反しないものは、なお効力を有する」（衆先五一一）とあるように、(1)と同様の措置がとられました。この先例から、衆議院規則が漏れているのが奇異に思われるかもしれませんが、まさに衆議院規則と同様の手法によって先例の継承が行われたからに他なりません。なお、衆先五一一の根拠は、一回国会召集前（一九四七、五、一六）の衆議院各派交渉会において、「いまだ詳しいものが何もないので、この議会中、帝国議会の先例等で、憲法と国会法の精神に反しないものはそのまま有効として取り扱っていく」と決定したものです。*議院規則の継承と同一の手法によって、帝国議会の先例その他の慣例についても、引き継ぐべきものは包括的に引き継げるようにしたのです。

*右のように各派交渉会は、先例集に載っていないその他の慣例も含む意味で「先例等」について決定し

ていますが、同一趣旨を説明する衆先五一一号は、「先例」の取り扱いについて決定した旨を説明しています。ちなみに、政党会派や内閣が能動主体となる慣例、例えば、政党会派による発言通告や動議の提出、議員提出議案の機関承認、議運理事会での官房長官の国会召集閣議の事前報告、衆議院解散閣議の事前報告、提出予定議案の説明等々は、先例集には掲載されていません。党派的分断に特化された質疑応答を円滑に動かすためにできあがった、質疑内容の事前通告やこれに付随する一連の慣行（七章2(4)）も掲載されていません。

(3)　参議院制度スタートの歪み

以上、継承すべき議院規則、先例等が、同一手法により一体的に継承されたのです。もちろん、参議院で、貴族院の先例をそのまま有効として取り扱うことは有り得ないのですが、衆貴両院それぞれの議院規則の同質性、先例の近似性があればこその手法が可能であった訳です（前章5）。

もっとも、2で述べたように、新憲法案とともに参議院法案を提出して、両院関係に関わる部分を先に施行するか、せめて、参議院の構成に関する部分を先に施行するようにしていれば、その後の日本政治の展開も自ずと変わったはずです。

例えば、衆議院が優越する両院関係制度を、衆貴両院対等の関係によって審議するという屈折した関係の中で、衆議院の優越の万能性を当然と考える衆議院と、可能な限りの参議院の対等性確保を目指す貴族院は、帝国憲法改正案の審議だけでなく、衆議院が立案・提出した国会法案の審議においても、どっちつかずの姿勢を取る政府を審議の相手として*、屈折した応酬を繰り広げました。その結果、両院関係制度全般に衆議院の優越の曖昧さを呼び込んでしまったのです（白井二〇二三、木下二〇一九）。国会法見直しの総決算となったはずの一九五五年改正においても、衆議院が目指した、返付規定の挿入という国会法による衆議院優越の明確化は、参議院の反発により中途半端に終わったのですが、一院制的運用が破綻したねじれの時代に至り、曖昧な両院関係制度は大きな争議を招くのです（白井二〇二三）。

一方、帝国議会衆議院の権限に拠って自律性を欠いたまま参議院制度がスタートすることそのものの手法は、公の場ではまったく議論されていません。参議院の正副議長選挙を主宰した事務総長（貴族院書記官長）がそのまま当選した最初の参議院事務総長選挙を前に、各派交渉会の議論を踏まえて議員から特に発言をもとめられ（五、二一参本）、選挙においてもかなりの白票が投じられた事実（投票総数二二五：白票五七）は、ここまで述べてきた隙間のない転換と継承の仕組みを貴族院側で受け入れ、その仕組みに乗った貴族院事務局（すなわち参議院事務局）に対する、新生参議院議員の偽らざる心情の一端ではあったはずです。いずれにせよ、帝国議会との継続性を確保した衆議院だけではなく、でき得る限りの継承を希求しつつ消えゆく貴族院にとっても、衆参同時スタートは何ものにも変えがたいものであったのです。

＊帝国議会では、議院提出法案であっても、審議の相手は政府でした。両院協議会以外には、公の場で両院の議員が審議に関わることはなかったのです。

5　小括

以上が、帝国議会衆議院の権限に拠った、帝国議会から国会への隙間のない転換と継承の仕組みです。ここまで述べたように、参議院制度の自律的スタートが考慮の外に置かれたのですが、これは、帝国議会発足時に、議院法（勅令）・衆貴各議院成立規則（勅令）と各議院規則成案の提示によって、政府が衆貴両院に対してとった手法とよく似ています。「議院法伝統」形成のルーツと言ってもよいでしょう。帝国議会発足時には、この手法によって、衆貴両院一律に、超然主義の審議システムの導入が図られたのですが、国会発足時に、国会法を基軸に、暫定衆議院規則と大正衆議院規則（憲法、国会法及び暫定衆議院規則に反しないもの）、更には、帝国議会の先例（憲法と国会法の精神に反しないもの）を経由して、衆参両院一律に持ち込まれたものは、党派的分断に特化した「大体の質疑応答」（次章以下では、単に「質疑応答」と表現します）に基づく審議システム、更には、このシステムと一体の見え難い統治構造に他なりません。参議院の政党化や、その後の一院制的運用も寧ろ必然であったのです。

「議院法伝統」の形成という実定制度上の前例主義の背後にあるものを探究してきましたが、それは、帝国憲法・議院法・議院規則の三元体制が持つ強い拘束力の反作用でもある、先例の生成・蓄積という見え難い前例主義によって形成された政党政治の動態に関わる規範に他なりません。「議院法伝統」の形成は、実定法規には決して規定されない右の見え難い先例と、憲法・国会法・議院規則との一体的な法的継続性の確保を可能にし、このことによって、不可視な政党政治の構造的な枠組みをそのまま継承したのです。

憲法学・議会法学からのアプローチにおいても、政治学からのアプローチにおいても、帝国議会制度と国会制度の「通時的」な比較は、諸外国との「共時的」比較に比して、明らかに希薄なままに過ぎてきましたが、議院規則や先例については、個別の手続き規定の解釈や個別の先例の当否を問題にすることはあっても、そもそも、「議院法伝統」と一体の体系的な規範として研究の対象とはされてきませんでした。前例主義の法体系となった「議院法伝統」の形成に隠れた以上のような見え難い仕組みを明確にすることによって初めて、帝国議会制度から国会制度に不可視に持ち込まれたものの分析が、可能になります。政党政治の伸長に関わった、先例の生成と蓄積を鍵とする帝国議会制度と統治構造の見え難い変革は、ここまで述べた帝国議会から国会への隙間のない転換と継承によって、大正デモクラシー下の政党政治の取り戻しとして、無意識、かつ、当然のものとして、新たな憲法体制に組み込まれたのです。

第六章　国会制度と前例主義

1　被占領期 —— 準自然状態

本章では、新たな国会制度と帝国議会から連なる前例主義の融合の過程として、国会制度運用の変遷を捉えていきますが、帝国議会制度から継承した、党派的分断に特化した「質疑応答」に基づく審議システム、更には、この審議システムと一体の政府と与党の融合に関わる不可視な政党政治の構造が、そのまま作動した訳ではありません。国会制度は、前例主義がストレートには及ばない新たな制度の運用を中心に、「準自然状態」（野中二〇一九）としてスタートしたのです。例えば国政調査権の運用（七章）をめぐって、議院としても、議員としても、新たな制度をしっかり運用しようとする意欲と実践があったのです。もちろん、よく知られているように、司法権の侵害や人権の侵害等を招く、明らかな行き過ぎがあったことも事実です。

一回国会半ば、議院運営委員会に設置された「議院の全機能発揮に関する小委員会」のネーミングは、ずばりこの「新たな制度をしっかり運用しようとする意欲」を表すものでしょう。二回国会末の国会法改正（一九四八年法八七）は、この小委員会の議論と二回国会までの経験に加え、特に一回国会の石炭国管法案をめぐって生じた様々な問題と混乱を踏まえて行われたものです。

常任委員会の事項別からの省庁別所管への変更（国旧四二）、議案の本会議趣旨説明の新設（五六の二）、中間報告制度の衆議院規則から国会法への引上げと強化（国五六の三）、制定時GHQの指示により規定された議長の発言時間制限権に対する異議申立て権の追加（国六一②）、法制部から議院法制局への格上げ（国一三一）等広範に及びます。このうち、議案の本会議趣旨説明は、国会制度から欠落（四章4、国五六②）した重要法案の全議員への周知を事実上の先祖返り（旧衆規九三）で図ることを期待したのですが、本来の趣旨から逸脱した運用の慣例化が、帝国議会から継承した党派的分断に特化した審議システムと連なる、先例による国会制度運用の「合理化・迅速化」に決定的な影響を及ぼすことになります（本章3(3)）。

さて、この「準自然状態」を差配し、統合したのが憲法体制を超越するGHQ（連合国最高司令官総司令部）です。とりわけ強く機能したのがGHQの指示と事前の承認ということになるでしょう。占領期において、政府が、重要政策の立案とその具体化、なかんずく、予算案、法律案につき、何にもまして了解を必要とした相手は、与党ではなく、GHQだったのです。議員立法、閣法の修正、決議等、国会の審議もまた同様です。このように政府と与党の融合に関わる構造がきちんと機能しない「準自然状態」が、前述の「議院としても、議員としても、国会制度をしっかり運用しようとする意欲」と適合し、党派的分断に特化した審議システムの中でも、与党、野党を問わず、活発な国会の審議を生んだのです。ここには、超越者の存在によって、一種の協働の基盤が現出していたのです。

GHQの関与の間接的な証拠は、衆参両院の本会議、委員会、更には、両院協議会等を問わず、また、議員、国務大臣、政府委員といった発言者の立場を問わず、「関係方面」という表現によって会議録上に大量に堆積しています。「関係方面」とは、九〇回（特別）議会冒頭の衆議院各派交渉会決定に基づく、GHQを指すオフィシャルな自制的隠語です。また、この決定を踏まえて、GHQによる速記録の事前検閲も、不穏当発言に対する議長あるいは委員長の措置宣告なき削除権限を媒介として、不可視に制度化されていました。

そして時には、重要な議事への直接的な介入も行われました。日付を跨ぐストレートな議事の継続は、帝国議会においては、特に議事日程との関係から否定されていたものですが、この介入を契機に、延会手続（衆規一〇五）を援用して、実質的な議事の継続が行われました（白井二〇一九）。これによりやがて、議事を次回の定刻（午後一時）に延ばすことを意味した延会手続は、深夜国会専用のものになりました（衆先二二六事例）。

いずれにせよ、新たな憲法体制の運用は、占領期をとおし一貫して、GHQによって補完され、管理されていたのです。また逆に、政府、政党を問わず、GHQの意向を後ろ盾として、利用できるものは利用したことも間違いないでしょう。占領後期にあっては、東西対立の深刻化と並行するGHQ内の力学の変化とともに、その傾向が強まったであろうことも推測できるでしょう。ここに、「逆コース」という独立回復後へ助走が始まったのです。

2　独立回復後のリバランス

一三回国会は、その途中、隠語的用法としての特別な「関係方面」が過去形となり、一般的用法に回帰したように、占領体制からその後への見え難い分水嶺です。同国会の、衆議院議院運営委員会における不穏当発言の取扱いに関する決定（一九五二、五、八）は、サンフランシスコ平和条約（一九五一、九、八署名、翌五二、四、二八発効）による独立回復直後に、GHQによる事前検閲の間接的な根拠ともしてきた議長の速記録措置権限を、元どおり不穏当発言に対する措置権限として再定義したものです。

独立回復に伴うリバランスは当然に、前例主義によって継承した党派的分断に特化した審議システムと一体のものにも及びました。それは、政党内閣制の瓦解以降弛緩し、戦後も、GHQの占領管理によって著しい制約を受けてきたものです。一三回国会、自由党が始めた事前審査と議員提出議案の機関承認は、与党と政府の融合と与党内の管理・統制の一元的な強化を物語るものですが、独立回復後の政党政治の方向性、旧来型の政治構造への本格的な回帰を告げるものでした。

GHQの指示に従った六九条解散（「なれあい解散：第二次吉田内閣」）（一九四八、一二、二三）から、独立回復から間のない時期の七条解散（「抜き打ち解散」：第三次吉田内閣）（一九五二、八、八）への転換が、内閣と国会の、そして、政府と政党会派の関係の最大のリバランスであったことも言うまでもないでしょう。

一三回国会には、国会法の改正協議も始まりました。そこでは、帝国議会への郷愁から、常任委員会制度そのものが俎上にのぼりましたが、「抜き打ち解散」、更には「バカヤロー解散」（一九五三、三、一四）以降の、対立・分裂に至る自由党、もう一つの保守政党（改進党→日本民主党）、左右に分裂した社会党といった、錯綜した政党状況のパワーバランスが、三度にわたる総予算の修正（一九五三〜五五年度予算）、議員立法（予算法案）の増加を産み、政府の政策立案とその遂行に大きな影響をもたらしたのです。

そして、政党が保革ともそれぞれ統合に向かう中で、国会法の改正は「自粛」に向かい、議員の議案・修正案提出に対する賛成者要件の付加（予算を伴うものについてはその要件を加重）（国五六①、五七の二、旧議二九の復活・強化）として結実しました（一九五五年法三号）。これは、独立回復後の政府と政党会派の関係のリバランスに関わる実定制度上の整理に他なりません。政党会派における議案提出の機関承認体制の強化、更には、与党の事前審査体制の強化という、隠れた整理と一対のものなのです。また、公言されることのない少数政党排除の制度化でもあります。

ここに至り、継承した党派的分断に特化した「質疑応答」に基づく審議システムと一体の、与党と政府の融合に関わる政治構造――「質疑応答の構造」――は、一通りのリバランスを果たしたと言えるでしょう。政党会派の党議拘束もまた格段に深化していきました。そしてこの先に、五五年体制が誕生することになるのです。

参議院においても同様です。参議院が貴族院の良き部分の伝統を引き継いできたのは、国会のスタートからここまでの状況の故でもありますが、以後、リバランスを遂げた「質疑応答の構造」によって、政党化の波、両院制の一院制的運用の波に洗われ、衆議院と限りなく同質化していきました。このことと、帝国議会から国会への制度転換の在り方に深い関わりがあること、そして、先例の生成と蓄積を基底とする明治・大正期の憲法改革と深い関わりがあることは既に明らかにしてきました。参議院の継続性から準立法期への重心の移動（半数改選の意味の変質）（憲四六、白井二〇一三、次章3(2)）、全国選出から拘束名簿式比例代表制への転換（一九八二年法八一号）、更には、拘束名簿式比例代表制から非拘束名簿式比例代表制への転換（二〇〇〇年法一一八号）といった一連の選挙制度改革や、「カーボンコピー」と言われる参議院、「強い参議院」、「強過ぎる参議院」といった現象の多面性も、ここに現れるのです。

3　五五年体制

(1)　総　論——国会制度の運用をめぐる行動変容

「自民党を政権党、社会党を野党第一党とする一九五五年体制の成立は、長い年月を経て、階級対立が政党システムの形状を規定するように」なり（中北二〇一四）、この形状が規定した（憲法改正の発議が不可能な）二大政党体制によって初めて、「質疑応答の構造」が（良く）機能する稀有な時代となったのです。凡そすべての実定制度と「質疑応答の構造」が共棲する「政党政治の法構造」は、既に述べたように（四章４・６）、その不可視・不透明な下部構造によって政権与党が永続する（はずの）特性を有するのですが、自民党はまさにこの形状と特性によって政権与党であり続け、自民党と社会党は対立と妥協の組合せによって共存し得たのです。

この共存はいわゆる「逆コース」の集大成ともいうべき、岸内閣による警職法改正法案提出（三〇回（臨時）、一九五八）から日米安保条約改定・承認（三四回、一九六〇）までの激突の先に見出されたものですが、そこでは、リバランスを遂げた「質疑応答の構造」と、国会制度、特に、国政調査権の裏打ちによって強大な権限と広範な活動域を獲得した常任委員会制度の構造的なアレルギー反応により、政党会派の行動変容に付随する先例の生成によって、同制度の運用に一様に枠が嵌められ、不活化して縮小均衡し、衆参両院ともに、与野党の対立と妥協の所作——国対政治——というべきものができあがっていったのです。

ちなみに、国政調査権は、もっぱら考察の対象とされてきた証人喚問のような強制力を伴う手法だけを意味するものではなく、強制力に裏打ちされた議院の自律による広範な活動権限、具体的には、常任委員会制度によって国政を網羅する、委員会の自律による広範な活動権限を担保するものだったのです。次章では、国政調査権の閉鎖的運用に至る過程を「国政調査の一般化」という概念によって分析します。*国対政治の形成は、「国政調査の一般化」と深いつながりがあったと考えます。国対政治とは、国政調査権が馴致・調整された過半数意思の完徹システムとも言い得るものです。

並行して、与党と省庁縦割りの官僚制を繋いでボトム・アップする事前審査が「自民党の事前審査制度」として高度にシステム化されていきました。「質疑応答の構造」は、五五年体制仕様として洗練・深化を遂げていったのです。議員・官僚・関係業界の「鉄の三角形」と呼ばれる構造が指摘されるようになったのも、この構造の中での現象です。そこは、右肩上がりの高度経済成長というこれまた稀有な時代でもありました。五五年体制は、経済成長の恩恵に支えられたものでもあったのです。しかし、皮肉にもその果実によって次第に政党状況は曖昧化し、経済停滞の構造化、更には、冷戦構造という補強の喪失によって、五五年体制は崩壊に至るのです。

＊この分析は、時系列上は本章で行うべきものですが、現下の深刻な政治状況に直結する問題でもあるので、次章に回します。

(2)　国対政治――前史

明治・大正期、政府と政党会派の関係性に基づく審議システムへの変革が進むに連れ、政党会派による自律的運営が、議長権限との法的連関の獲得をとおして実現していったことは、既に明らかにしました。その鍵が、議長のもとで開かれるようになった各派協議会（各派交渉会の前身）にあった訳ですが、制定国会法においては、文字どおり議院運営の協議の場として、公式かつ公開の場である常任委員会――議院運営委員会――が設置されました。

そして、「議運の方は基本的な、原則的なことをとり上げるという建前のもとに進んだのに対しまして、交渉会は、日々の議事運営、つまり政治的な話合いが行われるという」（西澤一九五四）棲み分けを、政党会派による運営の明朗化を重んじるＧＨＱに否定され、各派交渉会（非公開の先例上の機関）が二回国会を限りに幕を閉じて以降は、議長の権限と政党会派による「日々の議事運営」の法的連関は、議長による議院運営委員会への諮問・答申をとおして成り立つことになったのです。各派交渉会の代替として設置された非公開の議院運営小委員協議会（二回国会・国五五の二追加：一九四八法八七）は、議院運営委員会が獲得した議長との直接的な関係性によって、初期国会において、機能する余地がありませんでした。

しかし、一九五二年、抜き打ち解散後の一五回（特別）国会（第三次吉田内閣）の初めに、福永健司議運委員長が、同委員会運営の円滑化と能率化のために（非公開で議長が出席しない）同委員会の理事会の活用を提起（衆議運委会議録二号、三号）して以降、議院運営委員会の協議の前提として、同理事会の協議が不可欠なものになっていきます。ちなみに、議院規則上の理事は委員長の職務代行者であり（衆規三八、参規三一）、理事会は先例上の機関です（衆委先二七、参委先二四）。

そしていったんは、盲腸のようになっていた「議院運営小委員協議会」を衣替えし、議院運営委員会理事会（議運理事会）に代わって「議長の委任により議院運営委員長が主催して……開会され、議事の順序その他議院の運営に関する諸般の事項について協議」する議事協議会（二八回国会・国五五の二改正：一九五八法六五・衆先一四三）が設置されましたが、直ぐに議院運営委員会との関係で不都合を招き、*三一回国会以降は、議院運営委員会の前提として同理事会が必置され、両者は一体的に運用されるようになりました。

＊三〇回国会（一九五八、一一、四）、警職法改正案に関わる会期延長（混乱）が、議事協議会の招集（開会に至らず）のみで、議院運営委員会を飛ばして行われたことは、議院運営委員会との関係上、議事協議会の正統性を著しく毀損するものでした。正副議長の辞任等により会期延長以降の空転の収拾がなった三一回国会初め（一九五八、一二、一三）を最後に、議事協議会は開かれなくなりました。今では参議院も含め、議事協議会の規定（国五五の二）は空文化したままです。

(3)　国対政治――国会制度と政治的かけ引きの結合

こうした前史を踏んで、議長の権限と政党会派による運営の法的連関は大きく変容することになります。政党会派による運営が、議長の権限と権威のもとにあること、そして議長のもとの協議の場が、議院運営委員会という公式かつ公開の場にあること、この窮屈さの故に、政党会派による運営は、議長の権威のくびきを離れていきました。議院運営委員会は、実質的な協議の場から、同理事会の協議・決定を追認する場へと変貌したのです。議長と議院運営委員会の諮問・答申の関係は希薄化し、棚上げされた議長の権威は、特別に必要な時に、議長裁定や議長斡旋、そして議長のイニシアティブとして、敢えて呼び戻されるものになったのです（本章4）。

議長が関わらない非公開の場、議運理事会が、実質的に、議院運営委員会の権限と機能を代替することで、国対による国会運営上の駆け引きを、議長の権限による公式なものへと変換する半導体としての機能を果たすようになったのです。この機能によって、国対を頂点として、議運理事会、その他の委員会の理事会、この国会運営上の駆け引きの三位一体的な関係が、議院の運営に、事実上、自動的に組み込まれることになりました。

このように、政党会派による運営は、議長の権限によりながら、なおかつ、議長の権限と権威のもとから離れたものとして制度化されたのです。本会議設定（国五五：議長権限）に関わる、議長と議院運営委員会と同理事会の関係、更には、議院運営委員長による本会議の職権設定の慣行はその典型です。

変容を遂げた政党会派による運営によって、党派的分断に特化した「質疑応答」に基づく審議システムに見合う国会の審議システムが、先例の生成と蓄積を仲立ちとするフォーマルとインフォーマルの結合によって構築されていきます。インフォーマルな、政府と政党会派の関係の洗練（例えば、自民党の事前審査制度）、政党会派内の関係の洗練（例えば、確立した先例と認識されるに至った、議員提出議案の機関承認）によって、「質疑応答の構造」は深化を遂げていったのです。国政調査の実態が典型的に示しているように（七章）、国会法が規定した委員会制度は一律に自己拘束の対象となったのです。既に述べてきたように、この構造にあっては、国会審議の実態は当然に、政府と野党の対立関係に特化されたものとなり、与党は後景に退きます。与野党の対立関係は、もっぱら国会の自律的運営をめぐるもの——国会運営上の駆け引き——として構築されます。これが会期をとおした審議日程をめぐる闘争の本質なのです。日程闘争の中心に置かれるのが、総予算や与野党対決法案であることは言うまでもないでしょう。

このように制度化された政治的かけ引きによる運営のベースとなったものが、帝国議会の法案審議・第一読会の「大体の質疑応答」（旧衆規九三②）の呼び戻しとして規定され、かつ、議院運営委員会の権限として規定された国会法五六条の二［各議院に発議又は提出された議案につき、議院運営委員会が特にその必要と認めた場合は、議院の会議において、その議案の趣旨の説明を聴取することができる」（一九四八年法八七号により追加）の運用と、これと連結した同法五六条二項［議案が発議又は提出されたときは、議長は、これを適当の委員会に付託し、その審査を経て会議に付する］の運用です。いわゆる吊るしの慣行です*。ちなみに、この慣行を、先例集（衆委先七一、衆先には記載なし）は「……、議院の会議において趣旨の説明を聴取する場合等において、提出された日の翌日以後に付託された事例も少なくない」と間接的に表現しており、正面からの評価は避けています。

この慣行は、もともと、「議院運営委員会が特にその必要と認めた場合」に該当するか否かの判断には、協議のための（若干の）時間が不可欠であることを正当性の根拠にするものではありました。ところで、「議院運営委員会が特にその必要と認めた場合」とは、本来、趣旨説明の聴取が必要か否かの争いが本会議の混乱を招くことを回避するため、決定の場を本会議から切り離すという、議事運営上の配慮――石炭国管法案をめぐり、中間報告動議等の様々な動議の乱発によって本会議の混乱を繰り返した一回国会のトラウマと言い得るもの――から出た規定でした。しかし、議長が関わらないこの議院運営委員会の直接の権限と、議院運営委員会を実質的に代替する同理事会の不文の機能が強く共鳴して、吊るしの慣行を、スケジュールをめぐるほとんど際限のない国会運営上の駆け引きのベースに押し上げたのです。

議長の権限をとおして議案の審議過程を規定する国会法五六条二項は、委員会制度の根幹的な規定ですが、吊るしの慣行によって、その根幹から逸脱した運用が制度化されてしまったのです。本会議趣旨説明の対象とならない予算案は、提出後速やかに予算委員会に付託されますが、財政演説を含む政府四演説（常会）や所信演説（臨時会）を皮切りとする国対のスケジュール・コントロールの中心に組み込まれていることは言うまでもありません。委員会の国政調査の変遷とその諸相も、国会運営上の駆け引きの特徴的な現れに他ならないのです。

＊議案の提出に際し、議院運営委員会の理事・オブザーバー会派から本会議趣旨説明要求が付されれば、実際に本会議趣旨説明が行われるか、あるいは行わないことについて一定の結論が出されるまで、議長は所管委員会への付託を留保する慣行。ちなみに、オブザーバー会派とは、比例配分により、委員の割当てはあるが、理事の割当てがない小会派のこと。理事会へのオブザーバー参加が認められています。

4　ポスト五五年体制の国対政治

委員会は、理事会の前の、与党、野党それぞれ、各党国対のスタンスを糾合する与野党筆頭理事間協議の定着により、国対のコントロールが直接的、かつ、より微細に及ぶようになりました。自社体制後の多党化の故でもありますが、特に、非自民連立（細川・羽田政権）下で、理事会がまともに機能しなかったこともあり、様々な政党の組合せを経験する中で、この筆頭間協議の前捌きは不可欠なものになったのです。

一般的に言えば、法案等については、現場の委員会の筆頭理事間の合意と、議院運営委員会の筆頭理事間の合意が揃って初めて、議運理事会で本会議趣旨説明が合意され、あるいは、趣旨説明要求が取り下げられて委員会付託の運びとなります。趣旨説明をするにせよ、しないにせよ、議院運営委員会の決定（国五六の二）は、同理事会の協議が決裂して初めて、理事会の追認とは異なる本来の意味を持つことになるのです。予算案も含め、委員会付託後採決に至るまでの各委員会の理事会協議も、筆頭理事間の協議を踏まえたものです。もちろん、委員会採決後の、本会議設定（本章3(3)）に関わる、議長と議院運営委員会と同理事会の関係、更には、議院運営委員長による本会議の職権設定の慣行もまた、このポスト五五年体制仕様によって行われているのです。

こうして、与野党それぞれの立場から、各委員会、議院運営委員会それぞれの筆頭理事間の協議をとおして、国会審議の全体に、国対の直接的コントロールが及んでいるのです。

国対のコントロールの細部への浸透がもたらしているものは、議院の活動の中核をなすべき委員会の自立の拘束に他なりません。委員会の活動は限定され、身動きが取れなければ、直接交渉、いわゆる政党間協議に上げられて局面の打開が図られることになります。ここでも与野党それぞれ筆頭の国対委員長会談が大きな役割を果たしますが、今では更に、この国対委員長会談が前面に出て、与野党対立案件や重要案件の委員会審査につき、前広、かつ、具体的に、短期・中期の仕切りをすることが増え、筆頭国対委員長会談への依存が進んでいます。

右の政党間協議が行き詰まれば、代わりに野党第一党以外の政党との修正協議が行われたりもしますが、最終的には、与野党ともに、強行採決と議事妨害という刹那的な対応とも無縁ではばかりはいられないのです。

各委員会の自立は、以上のようにして痩せ細っているのです。このような状況下で、近事、本来の所管委員会ではなく、正副議長が出席する議院運営委員会が、センシティブ、かつ、大きな耳目を集める様々な事柄に関する「質疑応答」の場となることが目立ちます。このことを一面で支えているのは、簡易な委員の差し替え（辞任・補欠手続の往復）という手法ではあるのですが。

一九三回国会（二〇一七）、皇室典範特例法案の審査が、衆議院では、事項別所管から省庁別所管に変更（三回国会・衆規九二）となって以降初めて、省庁別所管の壁を越えて議院運営委員会（参議院は皇室典範特例法案特別委員会）で行われました。大島理森衆議院議長のイニシアティブで行われた政党代表の会議（衆参正副議長主催）が、国会としての皇室典範特例法案（閣法）の実質的・包括的な事前審査機能を果たした故ではあるでしょう。

二百一回国会（二〇二〇）、新型インフルエンザ等対策措置法改正案を審査した衆参内閣委員会それぞれの附帯決議中の「緊急事態宣言の実施状況について、適時に国会に報告すること」を踏まえ、四月七日を皮切りに、衆参各議院運営委員会において累次に渡り、「新型コロナウイルス感染症緊急事態宣言」に関わる事前報告とこれに対する各会派議員の発言（質疑）・応答がおこなわれています。二百四回国会（二〇二一）に成立した同法改正法に基づく、「まん延防止等重点措置」に関わる事前報告も同様です。

二百三回閉会中（二〇二〇、一二、二五）には、「議員安倍晋三君からの答弁の訂正に関する発言」とこれに対する各会派議員の確認の発言（質疑）・応答が衆参各議院運営委員会において行われています。訂正の発言は、安倍議員が両院の議長宛に、総理として行った答弁につき、訂正発言の申出を行ったことを契機として行われたものです。

以上のような現象は、議長の権威を媒介にした、議事の静穏化であり、「質疑応答」の平穏化・簡略化であると同時に、国対のコントロールの肥大化と、その直轄地・場としての議院運営委員会の肥大化の表出でもあるでしょう。

5　平成期の英国流がもたらしたもの

冷戦構造の崩壊や経済成長の終焉によって、政治の方向性そのものが見通し難いものになりました。小選挙区比例代表並立制を導入した選挙制度改革やそれに続く一連の統治構造改革（実定制度改革）は、この閉塞を、二大政党体制による強い政府の創出によって乗り越えようとするものだったと言えるでしょう。

大正デモクラシー期の英国流は政党内閣の理念を導入するものでした。表層的ではあるけれども、この理念に適合したのが、党派的分断に特化した「質疑応答」に基づく審議システムへの前例主義による変革を鍵とする「質疑応答の構造」の生成であり、この「質疑応答の構造」と凡そすべての実定制度が共棲する「政党政治の法構造」の創造という、見え難い明治・大正期の憲法改革だったのです。

一方、平成期の英国流は紛うことなく直輸入的な具体策による憲法改革でした。しかし、平成期の憲法改革が、前例主義によって継承した右の統治構造を無意識に所与の前提としていることは既に言うまでもないでしょう。五五年体制仕様、更には、ポスト五五年体制仕様に変革を遂げた「質疑応答の構造」は、自社体制とは異なり、選挙制度改革の成果として出現した、さほどの違いがない故に共存し得ない二大政党体制のもとで、剝き出しとなってその後を規定したのです。

政党内閣制にあっては、総選挙の勝利ではなく、倒閣が政権獲得のための至上命題であったことを除けば、ここに、互いに差別化を競って混迷を深めた、二つの二大政党体制の類似性を見いだすことは容易なのではないでしょうか。

どちらが強い政府を担うに相応しいかという政権選択競争と党派的分断に特化した審議システムが強く共鳴した衆参ねじれ——衆議院と同質化した参議院における政権与党の過半数割れ——の時代を経て、長く、政権与党が永続する（はず）の政治構造の主体であったことの優位性によって何とか勝ち残り、その優位性への揺り戻し的な大方の期待と政権転落のトラウマがもたらした凝集力によって、その後の選挙において大きく勝ち続けてきた側と、この政治構造の主体として適者生存するにはナイーブに過ぎた側が遠心力を抱えつつ野党第一党として対峙する状況は、選挙制度改革・統治構造改革――実定制度上の「政」の拡張と集権化――によって出現した強い政府と、前例主義によって継承した政治構造との融合の一つのピークであったと言えるでしょう。

国家公務員制度改革基本法（二〇〇八年法六八号）が定める制度改革の基本方針に基づき、幹部公務員人事の官邸主導を可能にした改正国家公務員法（二〇一四年法二二号）によって、「質疑応答の構造」の土壌にある不可視・不透明な「政」と「官」の関係性は、より強く共振するようになりました。一方、同じ改革基本法の基本理念が定める「政府全体を通ずる国家公務員の人事管理について、国民に説明する責任を負う体制を確立すること」や、同じく基本方針が求める政官接触記録の作成・保存・適切な情報公開等、「国民の的確な理解と批判の下にある公正で民主的な行政の推進に資する」政官関係の透明化策は掛け声倒れの画餅に過ぎません。「国民に説明する」場、「国民の的確な理解と批判」の場となるべき国会が、党派的分断に縛られたままままで、責任からの逃避の場となっているからです。

森友学園問題、加計学園問題等々、今に至るまで舞台を変え、登場人物を変えて続く、「忖度」という言葉の曖昧なままの拡散、公文書の隠蔽、廃棄、改竄、そして、はぐらかしと虚偽答弁の連鎖は、根深い「政」と「官」と「民」の構造的な問題が、一連の改革によって深刻化したことに伴う偶然の露出の結果に他なりません。党派的分断に特化した「質疑応答」に基づく審議システムの土壌にある不可視な「政」と「官」の関係性の変容が、事実と根拠に基づくという、行政の前提そのものを毀損し、国会の審議においても、同様に、事実と根拠に基づくという、議論の前提そのものを毀損してしまったように見えるのです。

日本の政治は、全体として、様々な構造的困難から目を背けて事実と根拠から遊離することで、かつて経験した「危機の時代」のような、幻想による政治になりつつあったのではないでしょうか。その先に現れて幻想を砕き、その機能不全を白日の下に晒したのが、一切「忖度」のない新型コロナウイルス感染症が招いた予期せぬ危機であったのです。

第七章　危機の時代に

1　政治主導の危うさと国会の責務

コロナ禍によって引き起こされた、収束の見えない感染症そのものへの不安、経済の急激な落ち込みに伴う雇用不安や倒産の増加といった直接・間接の影響に留まらず、未曾有の東日本大震災と東電福島第一原子力発電所事故、そしてその後も各地で続く激甚な災害、更には、グローバル化による競争の激化、国際情勢の不安定化、気候変動の深刻化等々、錯綜する困難の中で、人々は、経済、社会、文化、教育等々、日々の営みのあらゆる側面で、容易に解が見えない不安にさらされています。この錯綜する困難に立ち向かい、的確な現状把握に基づき的確な対処方針を立て、それを実行する政治の力が求められているのです。今求められている政治の力とは、「自助・共助・公助」(「、そして絆」を含め菅首相談話）の階層化を「、そして絆」という曖昧な観念で包摂するようなものではなく、「自助」、「共助」を包摂する「公助」の総合力と言っても良いでしょう。ただし、この政治の力が、独断専行を意味するものでは決してありません。一党独裁の国はいざ知らず、独裁的なトップをいだく民主主義国がおしなべて、この困難への対処に失敗し、分断と不寛容を国民の間に拡散してきた事実は示唆的です。

わが国においては、様々な問題を指摘されながらも、平成期の政治改革による政治主導強化の恩恵を享受し、その成果を誇ってきた長期政権の政治主導が、まさに肝腎な時に、場当たり的な対応と後手の対応を繰り返して、専門知とも、地方とも、なかなか噛み合わず、大局に叶う措置を講じることができないまま、逆にその危うさを可視化してしまいました。

強化された政治主導の危うさは、行政の全般にわたり、政策の決定・遂行のプロセスに非合理的で不条理な人治が紛れ込む度合いが強まったことに起因するのではないか。また、政治主導の下で、そのプロセスが、時後の検証に耐えないブラックボックスと一体化していることに起因するのではないか。以上のようなことが挙げられるでしょう。政治主導の危うさとは、つまるところ、個々の政策や事柄の適切／不適切の評価にとどまらない、国民を起点とする委任と責任の連環に対する信頼の毀損、統治全体に対する信頼の毀損に他なりません。この政治主導が、党派的分断に特化した国会の審議システムと強く共鳴して審議の一層の形骸化を進め、また、その危うさをかえって促進するものとなったことは、最早、言うまでもないでしょう。

内閣更迭後の政権が、前政権の継承とともに、改革のスローガンとして強調する、「行政の縦割りや前例主義を打破して、既得権益にとらわれずに規制の改革を全力で進める」（菅首相談話）も、この政治主導の危うさとの関係を抜きにして語ることは決してできないのです。

容易に収束の見えない現下の危機は、「はじめに」で述べたように、先食い的な短期的成果のつなぎ、更には、中長期の展望に関わるつかみの多い掛け声と弥縫的な施策のミックス、以上によって長年にわたり漠然としたまま先送りされてきた様々な危機を、連鎖的に誘発・顕在化させる危機の時代の発火点になりかねないものでもあるでしょう。

危機の時代には、漠然とした不安は「『根拠という杭』なき共鳴」（鷲田二〇二〇）に傾きがちです。そうであるからこそ、事実を踏まえた広範な議論に基づく支持と合意と納得のプロセス、つまり、異論に向き合う寛容のプロセスよる、「絆」のあるべき実体化への努力が必要なのです。これがなければ、「絆」は、根拠のない空気として肥大化するだけではないでしょうか。

国民の代表機関・国権の最高機関・国の唯一の立法機関たる国会以外にその役割を果たせるところはありません。しかし、帝国議会以来の先例の生成と蓄積という前例主義によって、国会制度に組み込まれた徹底的な党派的分断によって、制度本来の機能発揮を著しく拘束されたままの政争の姿を無意識に受け入れ、政局と内閣支持率をめぐる物語として消費するばかりでは、どのように強力な内閣であっても、内閣の更迭があっても、たとえ与野党の逆転による政権交代があっても、危機が折り重なる時代を乗り越えるのは至難の業ではないでしょうか。危機の時代の政治主導は、強い国会のストレステスト（負荷試験）による、明確な委任と明確な責任の連環によってのみ、その正当性を担保できるのです。これにより、政治主導のあり方そのもの、行政のあり方そのものもまた、より合理性・透明性を持ち、かつ、明確な責任を伴うものへと変わらなければなりません。そして何よりも、国会が主体性を持ったものへと変わらなければならないのです。

2　協働の基盤としての議員間の討論

⑴　国会制度運用の拘束を解く鍵

そのためにも、過半数原理を鍛える、議院としての協働の基盤の構築が必要です。既に述べてきたように、協働の基盤は、代表議会がその本質として有している議員間の討論と密接に関係するものです。明治・大正期に政党政治の展開をとおして形成された、党派的分断に特化した審議システム――政党会派と政府によって分断され、囲い込まれた「質疑応答」による審議システム――は、議員間の討論を消去して、読会制度による、「委員」の審査と本会議審議の密接な関係性を断ち、委員会を本会議の審議から独立した予備的な意思決定機関にすることででき上がったものです。本会議は、単に委員会の審査結果を是とするか否かを問う場になったのです。筆者は以上を、「政府与党による過半数意思の貫徹プロセス」の確立と呼んできました。

国会制度の「土着化」の歴史は、議会制度一三〇年の連続線上にある、この「政府与党による過半数意思の貫徹プロセス」と新しい国会制度との調整――主に先例による制度運用の拘束・縮小――の歴史と言っても過言ではありません。国会制度の過剰な拘束を解く鍵は、消去されてしまった議員間の討論の構築にあるのです。

(2) 政府を交えた委員間の討論

委員会が変われば本会議もまた変わること、そして統治構造もまた変わることを、既に議会制度一三〇年の歴史をとおして見てきました。議員間の討論は、まず何よりも委員会において行われるべきものです。それも、放談に堕しがちないわゆる自由討議としてではなく、与野党が対立する議案や施策といった、一筋縄ではいかないテーマについてこそ、委員全員が議論を共有する場が必要なのです。閣法に比べて審査密度が低い与党提出法案についてもこのような場が必要なことに変わりはありません。そこでは、各党質疑（既存の質疑応答方式）によって浮かび上がった論点を、理事会で整理した上で、その一つ一つについて、政府を交えた、与党／野党を問わない委員間の自由な、単なる賛否の表明にとどまらない、質疑応答の連鎖を含む本来の意味の討論によって、なぜ必要か／なぜ必要でないか、何が問題で／何が問題でないのか、なぜ賛成か／なぜ反対か、とり得る別の施策があるのか／ないのかが問われ、政府が提起した政策全体の評価と問題点の明確化を、政府を含め審査に参加する全員で果たすことになります。委員会の審査と必ずしもリンクせず、政党間協議や理事会で行われている法案の修正や付帯決議の協議も、このような場をとおして詰めるべきものです。

このように、委員会としての協働の基盤は、議院としての協働の基盤として機能するだけではなく、議院と内閣の協働の基盤としても機能するものです。国会がこのような場にならなければ、問題の「単純化にあらがい、複雑なものを複雑なままに受け止め、一つ一つ議論していけるような社会」（田中二〇二〇）は求めうべきもないでしょう。

(3)　国会審議の場における与党議員の役割

メディア、特にＴＶ報道が繰り返す「与野党の論戦が行われた」というシュールな枕詞とは別に、国会審議の場における与党議員の存在意義が、定足の確保と採決の場における過半数の確保、更に加えて、敢えて批判的な眼を向ければ、政府の提起した議案や施策の称揚と野党に対する一方的な非難と冷笑、行政の公正性に関わる疑念の打ち消し、与党質疑による野党の質疑時間の削減、このようなこと以外の意味をなかなか見出し得ないほどに与党議員がリモート化されてしまった現状の審議システムでは、危機の時代にあって、分断と不寛容の増幅と拡散という負のスパイラルから抜け出すことはできません。

審議日程や行政の公正性に関わる疑念への対処、そして議案や施策の内容変更に至るまで、与野党の対立と合意は、国対に集約される場外の駆け引きによって行われるだけでなく、この、政府を交えた委員間の討論の一点一点における説得力の、オープンな攻防と陶冶としても闘われるべきなのです。事実と根拠に基づいた、議員一人一人の言葉の力、特に、これまで審議の場ではスポイルされ続けてきた与党議員の言葉の力が問われます。首相その他の国務大臣、副大臣、大臣政務官等の、(提出すべき資料も含め)事実と根拠から逃避することのない、言葉の力が問われることは言うまでもありません。

(4) 一連の慣行と国会審議のリモート化

政府を交えた委員間の討論には、党派的分断に特化された「質疑応答」による審議システムを円滑に動かすためにでき上がった一連の慣行、つまり、政府の質問取り、質疑内容の通告、政府職員の尋常ではない国会待機、質疑内容の通告に対応した詳細な答弁原稿の作成は無用です。逆に、通告がないから答えないといった近時の安易な風潮も起こり得ません。理事会で明確にされた論点について、討論に参加する、与野党を問わない委員・政府双方に、自らの識見と言葉の力が問われるのです。

国会審議リモート化の提唱が与党議員から多く発せられるのは、国会審議の場からの実質的なリモートが常態化している与党議員の立場の反映でもあるでしょう。バーチャルな出席（リモート化）を可とすることは、コロナ禍のような特殊な状況下では、議院の自律権・規則制定権（憲五八②）に基づく緊急避難的な特例として検討に値するとは思いますが、本格的な導入を模索する場合には、本会議と委員会それぞれの定足及び議決要件（憲五六、国四九・五〇）との整合性や、議院の自律権・規則制定権との整合性にとどまらず、現状の審議の有り様のままで、果たして本格的なリモート化に耐え得るのかどうかの検討が必要です。本格的な討論――政府を交えた委員間の討論――の導入が併せて必要なのではないでしょうか。

3　採決の前提をめぐって

(1)　委員間の討論の視点から

総予算等の重要議案について、委員会審査に資するため有識者を招く公聴会の公述人（国五一、衆規七六～八五、参規六〇～七一）や、同趣旨で招く参考人（衆規八五の二、参規一八六）

についても、それらの有識者を交えた委員間の討論があって然るべきではないでしょうか。分断された一方通行の「質疑応答」では、党派による分断を有識者の賛成／反対意見と答弁に投影するだけで、多様な可能性を引き出すことは不可能です。総予算の公聴会（国五一②）に関する報道が繰り返す、「採決の前提である公聴会の日程が決まった」等々の決まり文句が、制度本来の趣旨を踏まえないものであることを、メディアも気づくべきですが、総予算の審査をその典型として、国会制度の運用を「採決の前提」として捉えるばかり、つまり、「政府与党による過半数意思の貫徹プロセス」として捉えるばかりの偏狭性に、当事者である議員と政府こそが気づくべきです。危機の時代の「採決の前提」には、先ほど述べたように、異論を包摂する具体的で広範な議論がとりわけ必要なのです。

テーマを絞った調査として行われた憲法審査会（二〇一五・六・四）において、安保法制の合憲性を問う一議員の質問に対し、出席した三人の参考人すべてが、違憲の旨を答弁して話題になりましたが、分断された一方通行の「質疑応答」であったことに変わりありません。また、後日（六・一二）、同一テーマによる調査で同法制の問題が俎上に上った自由討議では、会派の代表委員が順次発言し、続いて、各委員が発言を行ったのであって、委員間の討論が行われた訳ではありません。

政府与党にとっては過剰で忌避感が強い首相の国会出席（予算委員会の集中審議がその典型）も、「採決の前提」としての首相の出席を要しない、政府を交えた委員間の討論によって、その軽減が果たされるべきものです。

(2)　臨時会召集要求からの逃避

近時、憲法違反を強く指摘されるほどに、政府が野党の臨時会召集要求（憲五三後段）への対応を忌避するのは、この議会少数派権が、「採決の前提」とは無関係なただの重荷に過ぎないという、偏狭性への身も蓋もない逃避です。前の国会における与党の会期延長拒否と繋がったものではありますが、その経緯を踏まえても、常識的な合理的期間を遥かに越えているのではないでしょうか。かつて、臨時会召集要求の対象にもなった参議院議員通常選挙後の臨時会召集*を、任期満了に伴う衆議院議員総選挙後の臨時会召集の義務化とセットで、国会法改正によって義務化し、その期限も明確化したように（一九五八年改正：国二の三）、既に憲法が義務として規定している臨時会の召集（憲五三後段）についても、その対応期限（一定の合理的期間）につき、国会法改正による規定の整備を検討すべきです。憲法改正論議に棚上げして済む問題ではありません。

この一九五八年改正の二年前には、日ソ交渉の影響を受けて、両院議員からそれぞれ臨時会召集要求を受けながら、参議院の半数改選議員の任期開始から臨時会召集までに一二八日間を要しました。臨時会召集要求に延々と応じなかった内閣の対応は、当時は重視された半数改選による参議院の継続性への依存であり、更に加えて、非改選の正副議長がそのまま存在していたという事情もあるでしょう。この国会法改正による臨時会召集の義務化は、憲法の欠缺の問題ではなく、内閣総理大臣の指名という最重要の議事を控えて、当然、可能な限り速やかに召集される（任期満了に伴う）衆議院議員総選挙後の臨時会召集（憲五三前段、七〇）を敢えて憲法の欠缺と捉えて規定することを足掛かりに、臨時会召集要求の対象となった通常選挙後の臨時会の召集期限（一定の合理的期間）を規定することに意味があったのではないでしょうか（本問題につき原田二〇二〇参照）。国会法二条の三の追加は、参議院の準立法期重視への転換を画するものでもあったのです。

4　国政調査権の「土着化」——国対政治との関わり

一九五二年の主権回復後、国会制度の「準自然状態」（六章1）からいち早く脱し、更に、五五年体制によって確立された「国対政治」とはまさに、国会制度を「採決の前提」というフィルターを通して運用する体制、つまり、明治・大正期をとおして確立した「政府与党による過半数意思の貫徹プロセス」というフィルターを通して、国会制度を運用する体制の確立に他なりません。国会制度馴致のターゲットになったのが、委員会に関わる制度の運用であったことはいうまでもないでしょう。

以下、国対政治が、新しい国会制度の目玉であった国政調査権（憲六二）［両議院は、各々国政に関する調査を行ひ、これに関して、証人の出頭及び証言並びに記録の提出を求めることができる］の運用にもたらした「土着化」（以下、「国政調査の一般化」と表現します）の概要を示し、そこで失われた協働の基盤としての政府を交えた委員間の討論と、国政調査権の関係性に改めて着目します。

国会初期の「準自然状態」においては、事件性を問われるような特定事項に関し、本会議の決議によって特別委員会を設置し、その中で当該委員会に証人の出頭、証言、記録の提出要求権を包括的に付与するなど、憲法六二条の後半部分にフォーカスした独立権能的な手法に特化した国政調査が大きなウェートを占め、耳目も集めました。しかし、独立回復後、更には五五年体制の安定化とともに、人権の侵害、司法権への介入、不毛な政争といった様々な不都合を招いた、不正追及特化型の国政調査は行われなくなり、同条の前半部分にフォーカスした、常任委員会（常設化した特別委員会を含む）の活動に付随する国政調査権の行使へと比重が変化していきました。ちなみに、補助的権能説は、様々な不都合を招いた国政調査権行使の批判として説得力を持つものであったのですが、補助的権能としての国政調査権行使の在り方そのものを分析・検討するものではありませんでした。

それはさておき、筆者はこの変化を「国政調査の一般化」と呼んでいますが、このこと自体は的確な方向性であっと考えます。憲法六二条の国政調査権は、その手段としての後段部分に偏重した独立権能的運用が主となるべきものではなく、議案の審査や議案の起草、そして、議院の行政統制に関わる包括的な規定としての前段部分に、まずはその意義が見出されなければならないからです（白井二〇一三）。

しかし、先例レベルで二つのことが起こっていたのです。一つは、「委員会は、付託を受けた案件の審査又は調査のためにこれを開くことができる」（参規三三：一九五五年改正）が示唆的ですが、国政調査が、議案の審査と並ぶ日常的な委員会活動の場になったことです。*
もう一つが、議案審査や国政調査の場における、国政調査権行使の理事会協議に基づく制約的・効率的な運用です。以上により、国政調査権の行使は、国対政治（六章3）によって、包括的な制御の対象となったのです。議会少数派の要求を曖昧・微妙に取り込む、「政府与党による過半数意思の貫徹プロセス」の調整と言っても良いでしょう。しかし、ここから取り残され、消えてしまったのが、国政調査と政府を交えた委員間の討論の密接な関係性であったのです。

＊衆議院委員会先例集は一九七八年版以降、「委員会における国政調査は、その所管事項について国務大臣から説明を聴取し、質疑を行い、必要に応じて参考人の意見を聴取し、証人から証言又は書類の提出を求め、内閣、官公署その他に対し報告又は記録の提出等を要求し、あるいは委員を派遣してこれを行う。なお、調査のため小委員会を設け、あるいは他の委員会と連合審査会を開いたことがある。また、調査中の案件について、委員会において決議を行ったことは少なくない」という説明を設けています（衆先一七六）。国政調査は、委員会活動の場としても、議案審査のプロセスとしても、ほとんど変わらないもの――一般化したもの――として運用されているのです。

5　委員会提出法案を素材に

それでは、取り残され、消えてしまった国政調査と政府を交えた委員間の討論の密接な関係性とは何だったのでしょうか。最も特徴的なものが、与野党の合意によって行われる委員会提出法案の起草です。それは、本来、明確なテーマを持った委員間の自由な討論をベースとする国政調査によって生み出されるはずのものでした（鈴木一九五三）。委員会提出法案（衆規旧四二：昭三〇年改正により国五〇の二）の嚆矢となった「裁判官弾劾法案」は、「常任委員会中心主義」の制度設計のもとで、常任委員会がどのように法案を起草すべきかを、議院運営委員会が自らその範を示すものでもありました。同法案の本会議審議に当たり、浅沼稲次郎議運委員長は以下のように発言しています（一回衆本、一九四七・八・二三）。ここには、国会制度発足直後の「準自然状態」にあって、「国会の自主的活動」の強力なツールとしての国政調査権と委員会提出法案起草の密接な関係性が高らかに謳われているのです。

「日本国憲法は、裁判官に対する国民弾劾の制度を設けるとともに、罷免の訴追を受けた裁判官を裁判するために国会に弾劾裁判所を設ける規定をおいたのでありますが、議院運営委員会におきましては、弾劾裁判所に関する事項が、その所管に属しております点に鑑み、また国民の手による裁判官弾劾の制度を早急に法制化することはまさに議員自身の任務であって、法案の政府提出をまつべき性質のものにあらずとの考えから、弾劾裁判所に関する調査と、裁判官弾劾法案の起草に当ることにいたしまして、去る七月九日、弾劾裁判所に関する調査について議長の承認を得たのであります。

爾來今日まで約五〇日の間、回を重ねること一七回、あるいは小委員会を設けて原案起草に当り、また司法委員会との連合審査を行うこと四回に及び、しかもその間におきまして、各方面の意見を参酌し、諸外国のいわゆるインピーチメント［弾劾］の制度を比較研究し、かつ関係方面の意見等をも十分検討いたしまして、昨八月二二日の委員会において、［各党の代表が］最後的討論を行い、委員会全会一致をもつて、ここに委員会の成案を得て提出の運びとなった次第であります。（中略）

なお本案は、国会法及び新衆議院規則のもとにおいて取扱われました委員会提出法律案の嚆矢でありますことは、提出者たる本委員会の深き喜びとするところであります。私は、国会の自主的活動の強く要望される今日、国会運営の中心となりました委員会の活発な活動の結果、委員会提出法律案のますます多からんことを期待しつつ、炎熱の候委員各位の御熱心と御努力、並びに条文整理に当られた議院事務当局［法制部］に感謝申し上げ、私の説明を終ります。何とぞ満場一致御賛成あらんことを希望する次第であります。（拍手）」

しかし、委員会提出法案の起草過程そのものは、国対政治の中で、複雑なものは、外部の専門家や利害関係者も交えた場外の事前調整に、簡単なものは理事会の事前調整に、それぞれ実質的に外部化されたことで、国政調査との密接な関係性を失い、極めて形式的なものになっています。更に加えて、委員会提出法案は、直ちに本会議の議題とされ（衆先二三九、参規二九の二）、小会派が反対することはあっても、概ね全会一致で可決しますので、審議内容は全体をとおして希薄なものになっています。

同様に、与野党の合意によって行う、いわゆる本会議決議（国会決議）も、今では、所管委員会の国政調査と関係のない、（決議の提起、案文の提示・調整、提出合意に至るまで議運理事会を形式上の舞台とする）政党間協議の案件になっています。緊急上程される本会議でも、実質的な審議は行われません。調査中の案件について委員会が行う、いわゆる委員会決議も、同様に調査と決議との関係性は希薄なものになっており、以前は存在した、委員会決議と本会議決議の関係性も失われています。付言すれば、法案の委員会採決後に行われる附帯決議も、法案の修正協議と同様に、委員会審査との関係は希薄なものになっています。

6　国政調査の一般化

(1)　委員会活動の空洞化

以上のことは、与党の事前審査を暗黙の前提とする、党派的分断に特化した「質疑応答」による審議システム――「政府与党による過半数意思の貫徹プロセス」――が、政府を交えた委員間の討論に基づく国政調査という、委員会提出法案起草の本来の場を破壊してしまったことの証左に他なりません。ただし、透明性の欠如は決して健全なことではありません。前出5の会議録にも出てきますが、法案の起草や修正協議の場としての小委員会が設置されることもなくなっています。制定された法は閣法であれ衆法であれ、その執行をとおして不断の見直しの対象になるべきものですが、とりわけ、委員会提出にかかる法そのものの合理性が問われるような事態に至れば、起草過程の透明性の欠如は、立法事実の曖昧さに直結してしまいます。旧優生保護法一時金支給法（平三一法一四号）やハンセン病元患者家族補償法（令一法五五号）外一件のように、緊要な問題につき、閣法としての立法化を迂回する簡便・迅速な手段として、委員会提出法案の活用が定着していますが、そうであればこそ、国政調査の場での、政府を交えた委員間の討論に基づく、オープンな起草のプロセスが不可欠なのです。なお、後述の「一般質疑」の形式により、起草に関わった委員が政府に質問を行い、あるいは、委員の発言として、起草に関わった議員や政府に委員が質問を行なって、法案の起草過程や内容を会議録に残しているものもありますが、このような本末転倒的な窮屈な手法ではなく、国政調査の場の再生が何より必要ではないかと考えます。

同様に前出5の会議録にも出てきますが、当初、議長に対する常任委員会の国政調査承認要求は、明確で具体的な調査目的を内容とするものでした。だからこそ、国政調査承認要求は、議院運営委員会の諮問・答申の対象となっていたのですが、早くも、一〇回国会冒頭には、議運委員会はその関与を原則不要にしています（一九五〇・一二・一〇衆議運委決定）。国政調査承認要求そのものが、常任委員会の所管内容（一九四八年改正衆規九二により、事項別から省庁別所管に変更）の事項説明という、一般的な意味しか持たなくなっていたからです。*ここに、占領期の「準自然状態」からの離脱の助走を読み取ることができるでしょう。先に「国政調査の一般化」として述べたように、国対政治の中で、国政調査の焦点が拡散し、議案の審査と並ぶ日常的な委員会の場そのものとして認識されるようになっていったのです。「特に必要があると認めた案件又は常任委員会の所管に属しない特定の案件を審査するため」に設置される特別委員会（国四五）が常設的なものばかりになっているのもその一面です。

「国政調査の一般化」を如実に表しているのが、議案審査の合間に挟み込まれる、いわゆる「一般質疑」です。そこでは、委員（政党会派）それぞれの選好に任せた政府に対する質疑がほとんど前後の脈絡なく行われています。「各委員会の活動は、一般論として言えば、いわゆる国対政治の中で、一律・横並びの管理によって、自主性・自立性を損ねている。国政調査の場は議案審査と場と並ぶ委員会活動の二本柱でありながら、日程闘争ともいうべき与野党双方の議案審査スケジュールの思惑の中で、多くがうめ草のような扱いとなって断片化」（白井二〇一三）されているのです。

このような場こそ、理事会において明確にテーマを絞った、政府を交えた委員間の討論が必要なのです。委員会提出法案起草の契機を、ここに発見することができるはずです。野党の提出法案（政府対案を除く）も、まずはこうした場の素材として、政府を交えた委員間の討論の対象となるべきものです。

＊参議院は議長の承認そのものを不要にしています（一九八五改正参規七四の三）。一九五五年の規則改正（参規七四）により事項別所管に戻して以降、所管内容の事項説明という、一般的な意味もなくなっ

ていたのです。なお、参規七四は、基本政策別編成（一九九八）を経て、中央省庁の再編を機に省庁別所管（二〇〇一）へと回帰しています。

(2) 国対政治による包括的な制御

国対政治の中で起こった、「国政調査の一般化」のもう一つの特徴は、既に述べたように、議案審査や国政調査の場における国政調査権行使の、理事会協議に基づく制約的・効率的な運用です。その1、その2の二つにより、国政調査権の行使は、国対政治（六章3・4）による、包括的な制御の対象となったのです。

国政調査権の行使には、日常的な資料要求、政府に対する説明・報告や統一見解の要求、参考人招致（衆規八五の二、参規一八六）、政府に対する報告・記録の提出要求（国一〇四）、更には、証人の出頭・証言又は書類の提出要求（議証一）等、成規の手続を省略した慣行として行われるものから、委員会の議決によって行われるものまで濃淡様々なものがあります。もちろん慣行として行われるものが圧倒的に多いのですが、「国政調査の一般化」とは、野党（議会少数派）の要求をも、理事会の合意というハードルによって、曖昧・微妙に取り込む「政府与党による過半数意思の貫徹プロセス」と憲法六二条との調整の結果とも捉えることができるでしょう。同条後半部分に該当する証人喚問も、全会一致原則という縛りによって、この調整された政府与党による過半数意思の貫徹プロセス（以下、「（調整された）過半数意思の貫徹プロセス」という）に包含されているのです。

委員会の要求に応えて政府が本来提出すべき資料が、隠蔽（広範な黒塗りを含む）、廃棄、改竄といった脱法あるいは違法行為の対象となるのは、この（調整された）過半数意思の貫徹プロセスへの身も蓋もない逃避に他なりません。このような事実からの逃避・責任からの逃避は、委員会活動を根底から破壊しているだけでなく、黒塗りを乱発する情報公開制度の運用とも重なり合って、悪影響の相互作用に陥っているのです。

議員個人の資料要求も、国政調査権を背景とするものとして、政府は可能な限り対応すべきものとされていますが（一六〇回衆質問三八号答弁）、説明要求も含め、「可能な限り」のレベルが委員会による要求（（調整された）過半数意思の貫徹プロセス）を下回るものであることは言うまでもないでしょう。近時は、なかなか開かれない委員会を代替するように、野党合同ヒヤリングとして、説明や資料を求める場が設けられ、野党第一党によってネット中継もされています。問題のあぶり出しという点で意義のあるものですが、議員個人の資料要求と同様に、政府職員には越えられない制約と限界があるのも事実です。

与党の部会等でも様々な形で頻繁に行われている「政」と「官」の接触行為が国政調査権を背景として語られることはありませんが、知らず知らずのうちに形成された（調整された）過半数意思の貫徹プロセスが、議会少数派の制御を一義に置く憲法六二条の閉鎖的運用であることの証左です。

7　憲法六二条の閉鎖的運用とその開放

国対政治によって包括的な制御の対象となり、内閣提出議案の「採決の前提」、つまり、（調整された）過半数意思の貫徹プロセスをめぐる日程闘争と混然一体となった、議会少数派の制御を一義に置く憲法六二条の閉鎖的な運用は、つまるところ、議会制度一三〇年の連続線上にある、協働の基盤の欠落によって生み出されたものです。

政府を交えた委員間の討論は、既に述べた議案の審査の場と同様、同条の運用においても、本来、不可欠です。行政の公正性に対する疑念が厳しく問われる事態に陥れば、国会審議全体の一層の形骸化を招く。毎年のように繰り返されるこの光景は、憲法六二条の閉鎖的運用の故なのです。

このような問題については、（調整された）過半数意思の貫徹プロセスから自立した、政府を交えた委員間の討論という協働の基盤において、政府も、与党も、闇雲な防御と論点ずらしの一点張りではなく、野党とともに、国政調査権の柔軟で積極的な運用に向き合うべきなのです。

「行政の公正性に対する疑念」が、当該審査議案と直接関わる場合は、疑念も含め各党の質疑によって浮かび上がった論点を理事会で切り分け・整理した上で、政府を交えた委員間の討論の対象にすべきです。議案との関わりが薄い場合には、特別委員会（国四五）を設置してその調査に委ね、そこでは、同様に、各党の質疑によって浮かび上がった論点を理事会で整理した上で、政府を交えた委員間の討論を行うべきです。

予算委員会は、予算案の重要性と間口の広さの故に対象が拡散し、「行政の公正性に対する疑念」をめぐる攻防が最大の見せ場になっていますが、これも、憲法六二条の閉鎖的運用がもたらしたものです。予算案本体の審査と疑念の追及は可能な限り切り分け、疑念については特別委員会を設置して、その調査に委ねるべきです。この分離が不可能であれば、疑念も含め各党の質疑によって浮かび上がった論点を理事会で切り分け・整理した上で、政府を交えた委員間の討論の対象にすべきです。また、このような疑念について証人喚問を行う場合においても、証人に対する各党の質疑だけではなく、政府を交えた委員間の討論の場が用意されるべきです。

そもそも、政府を交えた委員間の討論という協働の基盤がなければ、学術上、言及されることの多い「議会少数派権」としての国政調査権の法定は望むべくもないでしょう。自社さ政権時、土井・鯨岡衆議院正副議長の「議会少数派権」制度化の提言に対する妥協として制度化された（衆議院規則改正一九九七・一二・一一）、衆議院の予備的調査（衆規五六の二、五六の三）——委員会の命令又は議員四〇人以上の要請で、委員会が、事務局の調査局長又は法制局長に、審査又は調査のために必要な調査を行わせ、報告を求める制度——が、ほとんど、議員四〇人以上の要請に基づく予備的調査の党派的な利用に留まっているのも、憲法六二条の閉鎖的運用の範囲を逸脱することがないように規定された、制度そのものの限界の故です。

参議院が予備的調査制度を導入しなかったのは、衆議院のような制度化の契機がなかったことの他に、決算審査の充実を一貫して目指している参議院改革と適合する会計検査要請制度（予備的調査制度と同時期導入：国一〇五、検査院法三〇の二）の活用が理に叶うものとして想定された故でもあるでしょう。

旧優生保護法一時金支給法（平三一法一四号、本章6(1)）二一条に基づき、衆参両院の厚生労働委員長が共同して、両院の厚労調査室に、旧優生保護法の立法過程や優生手術の実施状況等の調査を命じており注目されます（朝日二〇二〇・六・一八）。調査室に命じられたのは、一貫して議員立法（特に、委員会提出）により、制定・改正、廃止、一時金支給法の制定にまで至ったためでしょうが、予備的調査（衆規五六の二）の手法に倣ったものでもあるでしょう。被害者や弁護団が要望する、「調査の公開や議事録を残すこと、複数回の中間報告の実施、当事者が参加した上での検証を行うことなど」が実現するためには、調査室や国会図書館へ調査を投げるだけではなく、両院の厚生労働委員会そのものが調査に積極的に向き合い関わることが必要です。

8　小　括――打破すべき前例主義は

政府を交えた委員間の討論という、議院としての協働の基盤の構築について縷々述べてきましたが、このような党派的分断を越える努力が、帝国議会から連綿と続く、政党政治の展開と密接に関わる迂回的で安直な議会制度（実定制度）運用の積み重ね――意識せざる前例主義の連続線――の自縄自縛がもたらした、強固で不可視な統治構造に風穴を開け、合理性・透明性の確保によって、より良い統治を実現する一歩となるのではないでしょうか。明確な委任と明確な責任を可能にする、強い政府に相応しい、議院としての協働の基盤を持つ強い国会が必要なのです。

そうでなければ、危機の時代には、合わせ鏡のように政治の世界と社会に広がる分断と不寛容が、党派的分断に特化した国会の審議システムと共鳴し、更なる分断と不寛容をもたらす負のスパイラルを押し留めることができないでしょう。結局、国民主権の決定的な空洞化を招きかねないのです。

政党、政府にとどまらず、何より議員一人一人、そして国民一人一人が、無意識に当たり前のものと思っている、日本政治をめぐる前例主義の不可思議に目を向けるべきです。打破すべき前例主義は、統治のシステムに遍く散らばった陋習のあれかこれかではなく、そのことも勿論大事ですが、何よりもまず、意識せざる前例主義そのものの打破ではないでしょうか。

それは、政府の都合による野党向けの――往々にして事実と根拠から遊離する、――単なる説明会と化してしまったような、党派的分断に特化した国会の審議システムそのものに他ならないのです。

おわりに

小著は、これまでの考察を踏まえたものですが、コロナ禍によって一層露わになった、言葉への信頼を失い、危機に直面してもなお、事実と根拠に向き合えない寂寥たる政治を目の当たりにし、筆者なりの思いから、日本の議会制度が前例主義により異物として排除し、封印し続けてきた、議員間の討論、特に、内閣提出議案や国の施策についての政府を交えた委員間の討論の根源性を改めて問うものです。

この「自分とは異なる意見にも寛容」（須藤二〇二〇）な、言葉による闘いと陶冶の場は、議院の協働の基盤として、政府への委任の明確化のため、延いては、政府の責任の明確化のための、事実と根拠に基づくストレステスト（負荷試験）として機能するものです。奈落が近づきつつあるような危機の時代に、「根拠という杭なき」（鷲田二〇二〇）政治の漂流は許されないのではないでしょうか。

考察の旅は、筆者とともに過去という時の流砂にやがて埋もれていきますが、これからの統治を考える上で、少しでも参考になることできれば、これ以上の喜びはありません。

小著は、一昨年の夏、発表の機会を重ねて頂戴し、同時に、近現代政治史の観点から多くの教示を賜った「自民党研究会」での報告を基調にするものでもあります。東海大学の奥健太郎先生、文科省・教科書調査官の黒澤良先生をはじめとする、諸先生に遅ればせながらお礼を申し上げます。また、同会のメンバーでもあり、『政治アカデメイア』（日経電子版二〇一九・六・九）で取り上げてもくださった、日本経済新聞編集委員の清水真人さんに、重ねてお礼を申し上げます。また、『政治断簡』（朝日二〇一八、七、二三）で早くに筆者の考察に着目してくださった、元朝日新聞編集委員の国分高史さんに、改めてお礼を申し上げます。

小著は、「通時的な比較」（佐々木編二〇一九）へのささやかな応答でもあります。同書の中で、多くの示唆を頂戴した、学習院大学の野中尚人先生に、この場を借りてお礼を申し上げます。

そして、筆者を議会制度研究に導いてくださった、京都大学名誉教授の大石眞先生、九州大学の赤坂幸一先生に、改めてお礼を申し上げます。

信山社の袖山貴さん・稲葉文子さんには、これまで、議会制度の時空を旅する最高に幸せな時間を頂戴してきました。そして今回も、尋常ではない事態が続く中でも、刊行に至るまで、温かい激励と変わらぬご尽力をいただきました。ほんとうにありがとうございました。

二〇二一年四月

白井　誠

◇主要参考文献

・衆議院先例彙纂（衆議院事務局編）（各版）
・衆議院委員会先例彙纂（衆議院事務局編）（各版）
・貴族院先例録（貴族院事務局編）（各版）
・貴族院委員会先例録（貴族院事務局編）（各版）
・衆議院先例集（衆議院事務局編）（各版）
・衆議院委員会先例集（衆議院事務局編）（各版）
・参議院先例録（参議院事務局編）（各版）
・参議院委員会先例録（参議院事務局編）（各版）
※以上の編纂・改訂経過及び分析の詳細は、白井二〇一七参照
・衆議院各派交渉会史料（帝国議会各派交渉会（各派協議会）記録・暫定版・二五回〜九二回議会）（二〇一六、衆議院事務局議事部編）
・赤坂幸一・二〇〇一、二〇〇二「明治議院規則の制定過程──委員会規則を中心として」(1)、(2)『議会政治研究』六〇、六一号
・赤坂幸一・二〇〇四「戦後議会制度改革の経緯（一）」『金沢法学』四七巻一号（金沢大学）
・秋山啓介・二〇一八、六「国政調査権に基づく資料要求」『立法と調査』四〇一号（参議院常任委員会調

査室・特別調査室）
・伊藤博文・一八八九『憲法義解』（1989岩波文庫／宮沢俊義校注）
・稲田正次・一九六二『明治憲法成立史（下巻）』（有斐閣）
・植松健一・二〇二〇「議会の口頭質問と閣僚の出席義務——ドイツ連邦議会の口頭質問改革を手がかりに」『立命館法学』三九〇号
・エイコ・マルコ・シナワ・二〇二〇「悪党・ヤクザ・ナショナリスト——近代日本の暴力政治」（朝日新聞出版）
・大石眞・一九八八『議院自律権の構造』（成文堂）
・大石眞・一九九一『議院法：明治二二年』（日本立法資料全集3）（信山社）
・大石眞・二〇〇一『議会法』（有斐閣）
・大石眞・二〇一四『憲法講義Ⅰ（第3版）』（有斐閣）
・大石眞・二〇二〇『日本憲法史』（講談社学術文庫）
・大西祥世・二〇一七『参議院と議院内閣制』（信山社）
・大山礼子・二〇一一『日本の国会』（岩波新書）
・大山礼子・二〇二〇「国会改革の作法」『法学』八三巻三号（東北大学法学会）
・大山礼子・二〇二一「国会とアカウンタビリティ——国民代表機関の二重の責務」『駒沢法学』二〇巻四号
・岡崎加奈子・二〇〇三「国会法の制定と委員会制度の展開」『法学志林』一〇一巻三号（法政大学

◇主要参考文献

・岡崎加奈子・二〇〇五「国会法の制定と委員会制度の展開（二）」『法学志林』一〇二巻二号（法政大学）
・岡崎加奈子「常任委員会制度の定着化――一九五五年国会法改正過程と国会・政党の動向」奥健太郎、河野康子編『自民党政治の源流　事前審査制度の史的検証』（吉田書店）
・岡本修・二〇〇一「帝国議会の読会制度」『議会政治研究』五九号
・奥健太郎・二〇一四「事前審査制の起点と定着に関する一考察――自民党結成前後の政務調査会」『法学研究』八七巻1号（慶應義塾大学）
・奥健太郎・二〇一五「事前審査制度とは何か――研究史と本書の挑戦」奥健太郎、河野康子編『自民党政治の源流　事前審査制度の史的検証』（吉田書店）
・木下和朗・二〇一九「日本国憲法及び国会法制定過程における両院制の構想――法律制定における両院協議会請求権規定を手がかりに」（『岡山大学法学会雑誌』六八巻三・四号）
・黒澤良・二〇一五「議会審議と事前審査制の形成・発展――帝国議会から国会へ」奥健太郎、河野康子編『自民党政治の源流　事前審査制度の史的検証』（吉田書店）
・川人貞史・一九九二『日本の政党政治一八九〇－一九三七年――議会分析と選挙の数量分析』（東京大学出版会）
・川人貞史・二〇〇五『日本の国会制度と政党政治』（東京大学出版会）
・木村利雄・一九九三「議会における交渉機関の変遷と会派の関係」『議会政治研究』二六号
・国立国会図書館『日本国憲法の誕生』（http://www.ndl.go.jp/constitution/index.html）

・「憲法改正草案に関する想定問答・同逐条説明」一九四六年四月～六月（内閣法制局）
http://www.ndl.go.jp/constitution/shiryo/04/118/118_122l.html
・西澤哲四郎・一九五四「国会法立案過程におけるＧＨＱとの関係」（占領体制研究会）
http://www.ndl.go.jp/constitution/shiryo/05/002_39/002_39tx.html
・佐々木毅・二〇一九「議院内閣制の模索と転換」『比較議院内閣制論』（佐々木毅編・岩波書店）
・佐藤達夫・一九六四『日本国憲法成立史（第2巻）』（有斐閣）
・佐藤達夫・佐藤功（補訂）・一九九四『同第3巻』（有斐閣）
・佐藤功・一九八四『憲法（下）［新版］』（有斐閣）
・衆議院参議院編・一九九〇『議会制度百年史・議会制度編』（大蔵省印刷局）
・衆議院参議院編・一九九〇『議会制度百年史・帝国議会史編』（大蔵省印刷局）
・白井誠・二〇一二「憲法政治の循環性をめぐって」曽我部真裕、赤坂幸一編『憲法改革の理念と展開 上巻』（信山社）
・白井誠・二〇一三『国会法』（信山社）
・白井誠・二〇一七『政党政治の法構造――明治・大正期憲法改革の地下水流』（信山社）
・白井誠・二〇一九『政党政治を考える――「議会の制度化」と質疑応答』（信山社）
・鈴木隆夫・一九五三『国会運営の理論』（聯合出版社：二〇一四信山社復刻）
・須藤靖・二〇二〇「『法律論』『学問の自由』を遥かに超える大問題」（ｗｅｂ論座・一〇、五）

◇主要参考文献

・瀧井一博・二〇〇三『文明史のなかの明治憲法』（講談社選書メチエ）
・田中信一郎・二〇一二『国会質問制度の研究――質問主意書一八九〇～二〇〇七』（日本出版ネットワーク）
・田中幹人・二〇二〇「（コロナ禍の日本と政治）『ラベリング』、差別を引き起こさないか　単純化、あらがう社会を」（朝日新聞一〇、一三）
・出口雄一・二〇一八、一〇「憲法秩序の変動と解釈の担い手――浦和事件と「憲法争議」『法律時報』（日本評論社）
・菅義偉内閣総理大臣談話（二〇二〇・九・一六）
・中北浩爾・二〇一四『自民党政治の変容』（NHK出版）
・中北浩爾・二〇一七『自民党――「一強」の実像』（中公新書）
・中北浩爾・二〇一九『自公政権とは何か――「連立」にみる強さの正体』（ちくま新書）
・成田憲彦・二〇一九「帝国議会と日本型議会システムの形成」『比較議院内閣制論』（佐々木毅編・岩波書店）
・野中尚人・二〇一五「日本の議会における時間リソースと審議パターン――国会・高知県議会とフランス国民議会の比較を通じて」『東洋文化研究』一七号（学習院大学）
・野中尚人・青木遥・二〇一六『政策会議と討論なき国会　官邸主導体制の成立と後退する熟議』（朝日新聞出版）

・野中尚人・二〇一九「戦後日本における国会合理化の起源とその帰結──比較から見た国会政治とその変則性の解剖」『比較議院内閣制論』（佐々木毅編・岩波書店）
・原田一明・二〇一六「議会による行政の統制──国政調査権、質問権」『トピックからはじめる統治制度憲法を考える』（有斐閣）
・原田一明・二〇二〇「近年の国会運営をめぐる諸課題」『立教法学』一〇二号
・坂野潤治・二〇〇五『明治デモクラシー』（岩波新書）
・坂野潤治・二〇一二『日本近代政治史』（ちくま新書）
・伏見岳人・二〇一三『近代日本の予算政治1900–1914桂太郎の政治指導と政党内閣の確立過程』（東京大学出版会）
・クリスチャン・ヴァルトホフ／赤坂幸一訳・二〇一六「近年のドイツにおける議会法の展開──『加重された大連立 qualifizierte Grose Koalition』を踏まえて」『法政研究』八二巻四号（九州大学法政学会）
・升味準之輔・一九六六『日本政党史論2』（東京大学出版会）
・待鳥聡史・二〇二〇『政治改革再考──変貌を遂げた国家の軌跡』（新潮社）
・三谷太一郎・二〇一二「政党内閣期の条件」中村隆英、伊藤隆編『近代日本研究入門』（増補新装版）（東京大学出版会）
・三谷太一郎・二〇一七『日本の近代とは何であったのか──問題史的考察』（岩波新書）
・宮沢俊義・芦部信義（補訂）・一九七八『全訂日本国憲法』（日本評論社）

◇主要参考文献

・向大野新治・一九九四「衆議院の委員会・発言順位と時間」『議会政治研究』三〇号
・向大野新治・二〇〇六「議案審査 議案事前審査制度の通説に誤りあり」『議会政治研究』八〇号
・武蔵勝宏・二〇一八「国政調査権の制度と運用」『同志社政策科学研究』二〇巻一号（同志社大学政策学会）
・村西良太・二〇一八、五「少数派・反対派・野党会派――政府統制の主体に対する覚書」『法律時報』（日本評論社）
・村瀬信一・二〇一七『帝国議会――戦前民主主義の五七年』（講談社選書メチエ）
・森本昭夫・二〇一九『逐条解説 国会法・議院規則』（弘文堂）
・森政稔・二〇二〇『戦後「社会科学」の思想――丸山眞男から新保守主義まで』（NHK出版）
・矢野信幸・二〇一五「戦時議会における事前審査制の形成」奥健太郎、河野康子編『自民党政治の源流 事前審査制度の史的検証』（吉田書店）
・横山寛・二〇一六「帝国議会における両院協議会の運用――予算案を中心に」『法学政治学論究』一〇九号（慶應義塾大学）
・鷲田清一・二〇二〇「折々のことば」（朝日新聞一〇、七）

〈著者紹介〉
白井　誠（しらい　まこと）
shiraimakoto@gmail.com
1951年生まれ
元衆議院事務局議事部長
議事部議案課，議事部議事課，委員調査課等を経て，議事課長，議事部副部長，庶務部副部長，秘書課長（議事部副部長兼務），議事部長，調査局総務調査室長（2011年退職）

〈著書・主要論文〉
『国会法』（信山社，2013年）
『政党政治の法構造――明治・大正期憲法改革の地下水流』（信山社，2017年）
『政党政治を考える――「議会の制度化」と質疑応答』（信山社，2019年）
「憲法政治の循環性をめぐって」『憲法改革の理念と展開（大石眞先生還暦記念）上巻』（曽我部真裕・赤坂幸一編，信山社，2012年）所収

信山社新書

危機の時代と国会
——前例主義の呪縛を問う

2021（令和３）年４月26日　第１版第１刷発行

©著　者　白　井　　誠
発行者　今　井　　貴
　　　　稲　葉　文　子
発行所　㈱　信　山　社
〒113-0033　東京都文京区本郷6-2-9-102
電話　03(3818)1019　FAX　03(3818)0344

Printed in Japan, 2021　　印刷・製本／藤原印刷株式会社

ISBN 978-4-7972-8108-8 C1231 ¥900E